Albertus Magnus

✠

Vom weisen
und
gottgefälligen Leben

Albertus Magnus

Vom weisen

und

gottgefälligen Leben,

das ist:

Von der Unterscheidung
der wahrhaften und der falschen Tugend

Schätze der christlichen Literatur

Band 18

Impressum:
© 2019 Conrad Eibisch (Hrsg. u. Bearb.)
Herstellung und Verlag: BoD – Books on Demand, Norderstedt.
ISBN: 978-3-74949-825-3

Lebensgeschichte
des seligen Albertus Magnus, Bischof zu Regensburg, statt eines Vorwortes.

DER selige Albert wurde im Jahre 1193 zu Lauingen an der Donau aus dem edlen Geschlecht der Herren von Bollstädt geboren. In Ansehung seiner tiefen Einsichten, besonders in die Lehre des Heils und seiner Tugenden, erhielt er ungesucht den Ehrennamen des *Großen*. Seine erste Erziehung und die Anfangsgründe in der höheren Bildung empfing er in seinem Vaterland. Als er später auf der Hochschule zu Padua den höheren Wissenschaften oblag, führte ihn Gott in die Bekanntschaft des seligen Jordan, General des Predigerordens. Dieser ermahnte ihn und flößte ihm Vertrauen und Mut ein, alle irdischen Neigungen, worin sein bisheriger Aufseher ihn vielmehr bestärkt hatte, zu besiegen und sich ganz der Nachfolge Jesu zu widmen. Zur leichteren Ausführung dieses Entschlusses trat Albert im Jahre 1223 in den Predigerorden des heiligen Dominikus.

Bald nachher ward er in mehreren Klöstern seines Ordens Lehrer. Unter den ersten Schulen, die durch seine große Weisheit und Tugend berühmt wurden, waren in Deutschland die zu Hildesheim und Regensburg. Später lehrte er mit allgemeinem Beifall zu Paris, ward 1249 Rektor und Lehrer der Theologie zu Köln, und im Jahre 1254 in Worms zum allgemeinen Ordensvorsteher in Deutschland, erwählt. Er durchwanderte zu Fuß in evangelischer Demut ganz Deutschland und verbreitete in allen Häusern seines Ordens reichlichen Segen durch weise Anordnungen.

Um diese Zeit wurde er vom Papst nach Polen gesandt, um die grausame Gewohnheit krüppelhafte Kinder zu töten, abzuschaffen, was ihm auch unter Gottes Segen gelang.

Als er im Jahre 1259 endlich die gewünschte Entlassung von seinem Vorsteheramt erhielt, widmete er sich wieder zu Köln ungeteilt dem

Unterricht der studierenden Jugend, wodurch er der Kirche sehr viele würdige Priester und Lehrer bildete. Zu den würdigsten seiner vielen Schüler gehört der heilige Thomas von Aquin.

Bei seinen vielseitigen Kenntnissen und dem allgemein verbreiteten Ruf seiner Tugenden, bewahrte der fromme Ordensmann unwandelbar die Demut und strebte unermüdet nach Veredlung des Herzens und einer stets höheren christlichen Vollkommenheit. Das Gebet war die Quelle seines Trostes und seines immerwährenden Zunehmens in seinen Tugenden, sowie in der Erkenntnis des Guten, wovon diese Unterweisung in den christlichen Tugenden ein sprechender Beweis, und in Hinsicht seiner geistvollen Unterscheidung zwischen wahrer und falscher Tugend, ein wahrer Tugendspiegel ist.

Im Jahre 1260 mußte Albert, auf Befehl des Papstes Alexander IV. nach der Wahl des Domkapitels zu Regensburg daselbst die Oberhirtensorge übernehmen. Der demütige Ordensmann, der nichts mehr wünschte, als in stiller Abgeschiedenheit zu leben und ungestört als Lehrer der Jugend die Liebe Jesu, zu verbreiten, mußte nun seine stillen Klostermauern und seine geliebte Schule verlassen, um in einem zerstreuenden Wirkungskreis einem großen Bistum vorzustehen.

Unbeschreiblich groß war die Freude der Geistlichkeit und des Volkes in Regensburg, einen so frommen, erleuchteten und in den Wegen des Heils erfahrenen Lehrer als Bischof zu empfangen. Um aller veranstalteten Ehrenbezeugung in seiner Demut zu entgehen, ging Albert zur Abendzeit unerkannt nach Regensburg und wohnte die Nacht über in einem Kloster bei seinen Ordensbrüdern. Am Morgen begab er sich ebenso still und unerkannt in die Domkirche, um den unsichtbaren Oberhirten um Licht und Segen zu seinem Beruf als Bischof anzuflehen.

So wie er seine heilige Pflicht in ihrer ganzen Ausdehnung kannte, suchte er sie auch vollkommen zu erfüllen. Um nicht von zeitlichen Sorgen zerstreut zu werden, übertrug er die Verwaltung seiner Einkünfte einem geprüften Mann und lebte allein nur seinem hohen Beruf als Seelenhirte. Er bereiste sein ganzes Bistum zu Fuß, daher er von einigen *der Bischof mit den Stiefeln* genannt wurde, um die Bedürfnisse der Gemeinden und ihrer geistlichen Vorsteher kennenzulernen. Nebstdem spendete er auch, zur Befestigung im Glauben und in der Liebe Jesu überall das heilige Sakrament der Firmung aus. Es blühte unter seiner oberhirtlichen Sorgfalt Zucht, echt christlicher Sinn und wahre Sittlichkeit.

Bei seinem zarten Gewissen fürchtete der fromme Albert, bei der Verantwortlichkeit als Bischof für so viele, sein eigenes Seelenheil zu gefährden, und suchte daher, nach zwei Jahren, als Papst Urban den heiligen Stuhl bestiegen hatte, die Befreiung von der so schwer auf ihm lastenden Oberhirtenpflicht, die er denn auch erlangte. Lange nachher war aber, des vielen Guten wegen, das Bischof Albert in Regensburg begründet hatte, sein Name dort noch in gesegnetem Andenken.

Albert lag von nun an zu Köln, in einem Kloster seines Ordens, wieder dem Unterricht der von ihm, nach dem Beispiel Jesu, so sehr geliebten Jugend ob. Aber selbst Fürsten und Bischöfe suchten bei ihm Belehrung und Trost.

In seinem hohen Alter ging Albert täglich zu seiner künftigen Grabstätte, bis ihn der Herr am 15. November 1280, im 87ten Jahr seines Alters, zu sich nahm. Seine irdische Hülle wurde vor dem Hochaltare in der Dominikanerkirche zu Köln beigesetzt.

Eingang.

ES gibt gewisse Fehler, welche vielfältig die Gestalt der Tugenden annehmen, um, obgleich sie wahre Fehler sind, für Tugenden gehalten zu werden.

I.

So hält man die Strenge für Gerechtigkeit; die Bitterkeit des Gemüts für Ernsthaftigkeit; die Geschwätzigkeit für Beredsamkeit; die Ausgelassenheit wird oft für geistliche Gemütsfreude gehalten; die Faulheit oder unordentliche Traurigkeit für Ernst der Tugend; die Gefühllosigkeit nennt man Mäßigung; üppige Kleiderpracht Reinlichkeit; übermäßigen Aufwand auf Nahrung und Bedienung – Standesgebühr; die Verschwendung Freigebigkeit, und den Geiz kluge Vorsicht; die Eigensinnigkeit hält man für Standhaftigkeit; die Schlauheit für Klugheit, und die Gleißnerei für Heiligkeit; der Sorglose in seinen Geschäften glaubt gelassen; der Vorsichtige umsichtig; der Prahler ehrliebend zu sein. Die Vermessenheit soll oft für Vertrauen, und die fleischliche Liebe für christliche Liebe gelten. Ein mutwilliger Ankläger oder Tadler will ein Eiferer für die Gerechtigkeit, ein anderer, der alles hingehen läßt, will geduldig, und wieder ein anderer, der nicht Mut genug zum Ahnden und Bestrafen hat, will sanftmütig, gütig, oder friedfertig sein, und so von ähnlichen Fällen. Gleichwie aber mit falschen Münzen kein Gut erkauft werden kann, ebensowenig kann man mit falschen Tugenden zum Besitz des Himmels gelangen.

2.

Es gibt auch einige natürliche Tugenden, die den Menschen gleichsam angeboren sind; als z. B. eine natürliche Demut, Güte, Eingezogenheit, Freigebigkeit, Barmherzigkeit, Geduld. Durch diese und dergleichen andere Tugenden verdient niemand eine ewige Belohnung, oder das Himmelreich, sondern allein durch die freiwillig geübten Tugenden.

3.

Ferner gibt es einige wirkliche Tugenden, welche von törichten Menschen für Fehler gehalten werden. So halten diese die Gerechtigkeit für Grausamkeit; den Ernst der Tugend für feindseligen Stolz; die Vorsichtigkeit für Geiz; die Standhaftigkeit für Hartnäckigkeit; und so urteilen sie von allen obengenannten Tugenden. Was aus Demut geschieht, glauben sie, geschehe wegen einer eitlen Ehre. Was man aus heiliger Absicht tut, als habe man es zum Schein und aus Gleißnerei getan. Der wirkliche Eifer für die gerechte Sache muß bei ihnen Rachsucht, die wirkliche Liebe Feindseligkeit und Haß sein. Die geistliche Zuneigung wird für eine fleischliche Liebe gehalten, und Handlungen, aus reinster Meinung wird die Absicht zeitlicher Vorteile untergelegt.

Und so verfahren sie mit jeder Tugend. Da es nun nicht leicht ist, zwischen Schein und Tugend zu unterscheiden, und da es bei jeder Tugend Grade gibt, welche Anfangs aus bloßer Freigebigkeit Gottes der Seele eingegossen werden, die als eine freie Gabe angeeignet und in Wirksamkeit gesetzt, und als freitätige Tugend zur Vollkommenheit gebracht werden sollen: So haben wir vor allem unsere Aufmerksamkeit darauf zu richten, welche die wahren und vollkommenen Tugenden seien, die den Menschen allein vor Gott wohlgefällig machen, und zwar zuerst auf die Liebe, welche die Mutter und Zierde aller Tugenden ist.

I. Kapitel.

Von der Liebe zu Gott.

1.

DIE Liebe zu Gott ist dann eine wahre und vollkommene Liebe, wenn die Seele nach allen ihren Kräften und mit ganzer Inbrunst sich in Gott ergießt, ohne dabei einen zeitlichen oder ewigen Vorteil zu suchen, sondern allein durch seine Güte, Heiligkeit, Vollkommenheit und in ihm wohnende Seligkeit zu Gott hingezogen wird. Eine zartfühlende Seele hält es gleichsam unter ihrer Würde, Gott nur wegen einem Vorteil, oder einer Belohnung zu lieben; so wie Gott sich mit seiner ganzen Kraft in die Seele des Menschen ergießt, ohne von ihr irgendeinen Vorteil zu erwarten, sondern ihr nur seine in sich begreifende Seligkeit mitteilen will. Wer aber Gott liebt, weil er gütig gegen ihn ist; und hauptsächlich bloß darum, damit er ihm seine Glückseligkeit mitteile, dessen Liebe ist offenbar nur eine natürliche und unvollkommene (eigennützige) Liebe.

2.

Zur wahren Liebe führt nur die wahre Erkenntnis Gottes. Denn in ihm ist alles liebenswürdig, nämlich: die Hoheit, Heiligkeit, Macht, Weisheit, Gütigkeit, Schönheit und Vorsichtigkeit, usw. Überdies ist die Liebe Gottes gegen uns ewig, unermeßlich, unveränderlich und getreu, und reizend zur wahren Liebe.

3.

Wie die wahre Liebe geübt werden soll, zeigt Christus bei Johannes[1] mit diesen Worten an: *Wer meine Gebote hat und sie hält, der ist's, der mich liebt.* Der heilige Augustin bezeugt dies also: „So viel", sagt er, „lieben wir Gott, als viel wir seine Gebote halten." Dies ist auch von

---

[1] Joh. 14, 21.

den freiwilligen Gelübden zu verstehen, die auf gleiche Weise, wie die Gebote, verpflichten. Auf gleiche Weise redet auch der heilige Gregorius: „Schaut in euer Innerstes hinein, geliebteste Brüder, und forscht nach, ob ihr Gott wahrhaft liebt. Glaubt nicht, daß es so ist, sollte euch euer Innerstes was immer aufweisen, ohne Vorzeigung der Werke." Über die Liebe des Schöpfers muß die Zunge, das Gemüt und das Leben zur Rechenschaft gezogen werden. Die Liebe zu Gott ist niemals müßig. Denn sie wirkt Großes, wo sie ist; wo sie aber nicht wirkt, da ist sie nicht. Dieses tätige Wirken und diese Beobachtung der Gebote müssen aber die gehörige Richtung durch die Meinung erhalten, damit es weder aus Furcht der Strafe, noch der Belohnung wegen geschehe. So bezeugt der heilige Augustin: „Derjenige liebt Gott, der nicht darum seine Gebote hält, weil er durch die Schärfe der Strafe, oder durch den Reiz der Belohnung dazu angetrieben wird, sondern darum, weil das, was Gott befohlen hat, gut und löblich ist." Es gibt noch zwei andere Zeichen der wahren Liebe zu Gott: Nämlich, wenn der Mensch freudigen Anteil nimmt an allem, was Gott wohlgefällig ist, es mag dies von wem immer, was immer, oder wo immer geschehen. Denn die bloß natürliche Liebe verdient bei Gott kein Lob, weil sie immer nur sich selbst und den eigenen Nutzen im Auge hat; wohl aber die uneigennützige, welche den Vorteil eines anderen beabsichtigt. Das andere Zeichen ist es wenn der Mensch sich betrübt über alles, was Gott mißfällig ist, es mag dies wann, wo, wie oder von wem immer geschehen.

Von der Liebe des Nächsten.

I.

Die wahre Nächstenliebe verlangt, seinen Nebenmenschen zu lieben, wie sich selbst, sei er Freund oder Feind, wie auch der heilige Augustin sagt: „Liebe deinen Nächsten, wie dich selbst, nämlich in Gott, um ihn zu Gott zu führen, und wegen Gott. Denn so soll jeder seinen Nächsten lieben, wie sich selbst Wie er sich das Gute wünscht, und das Übel sieht, so muß er auch für seinen Nächsten gesinnt sein." Oder mit anderen Worten: Wie jeder sein eigenes Gut an Leib und Seele, an Glück und Ehre liebt, und wie jeder in diesen vier Rücksichten allen eigenen Schaden und jedes Übel flieht, und verabscheut, ebenso muß jeder alle jene Güter seines Nächsten, er mag sein Freund oder Feind sein, lieben, und jeden Schaden desselben hassen, obgleich er dem Gebot gemäß nicht schuldig ist, eine so große und so starke Neigung zum Nebenmenschen zu haben, wie zu sich selbst.

Aus der Liebe zu einem Freund läßt sich die wahre Nächstenliebe nicht ermessen. Denn auch die Heiden lieben jene, von denen sie geliebt werden. Aber in der Liebe zum Feind zeigt sich die wahre Nächstenliebe. Einen Liebenden lieben, ist Sache der Natur, wobei man aber keinen Verdienst hat. Aber einen lieben, der nicht liebt, das tut nur die Gnade. Noch einleuchtender wird die Wahrheit der Nächstenliebe dargetan in der Erklärung über Matthäus, welche also heißt: Einen Liebenden lieben, ist die Eigenschaft der Natur; einen nicht Liebenden aber durch Wohltaten zur Liebe vermögen, das ist dem Vollkommenen eigen. Und wenn schon niemand, gemäß dem Gebot, verpflichtet ist, einen Feind so sehr und so innig zu lieben, wie einen Freund; – glückselig und höchstvollkommen jedoch wäre derjenige, der den Feind ebensosehr, ja noch mehr lieben, und ihm so viele Liebeswerke erweisen könnte, wie dem Freund; dem Bestrafenden und Ahndenden, wie dem Schmeichelnden; dem Tadelnden, wie dem Lobenden; weil, nach dem Zeugnis des heiligen Chrysostomus, die Menschen durch nichts Gott so ähnlich werden, als wenn sie gegen Boshafte und Beleidiger versöhnlich sind. Gewiß mehr Gnaden und eine größere Glorie erlangt man durch die Verfolgungen, als durch die Gunstbezeugungen der Welt. So haben die heiligen Märtyrer zu ihrer ewigen Glorie mehr Vorteil gezogen von ihren Feinden, als Freunden.

2.

Zur Liebe des Nächsten soll uns anleiten die Natur; denn jedes Tier liebt seinesgleichen, wie denn auch der Mensch den Nächsten liebt, sowohl weil er das Ebenbild Gottes an ihm findet, als auch, weil es die Heilige Schrift gebietet.

3.

Die Forderungen der wahren Nächstenliebe sind: Warmen Anteil nehmen an jedem widrigen Geschick des Feindes, wie des Freundes; und sich wahrhaft und herzlich freuen bei dem Wohlergehen des einen, wie des anderen. Dies sind aber in der Welt äußerst seltene Erscheinungen.

4.

Der wirkliche Haß gegen den Nebenmenschen gibt sich zu erkennen, wenn man, ohne Verdruß an seinen Nächsten nicht denken kann; wenn man vom Unwillen befallen wird, sobald man ihn sieht; wenn man mit Heftigkeit mit ihm, oder von ihm spricht, oder reden hört; wenn man sein Fortkommen und was ihm zum Vorteil wäre, verhindert, soviel man kann; wenn man seine guten Eigenschaften verkleinert und schlecht macht. Dies hat Christus, unser Herr, seinem Verräter Judas nicht getan, der ihn zurzeit, als die Verräterei schon verabredet war, nebst seinen anderen geliebten Aposteln, mit seinem Fleisch und Blut speiste, der ihm bei der wirklichen Verräterei den Kuß nicht versagte, und ihn sogar freundlichst grüßte, mehr trauernd über dessen Sünde, als über seine Gefangennehmung, wie der heilige Hieronymus sagt. Aber sonderbar ist es, daß sich mancher schmeichelt, er liebe seinen Nächsten, der doch diese Zeichen des Hasses in seinem Herzen umherträgt. Viele meinen, es sei schon genug, wenn sie ihrem Nebenmenschen das ewige Leben wünschen, das sie ihm weder geben, noch nehmen können, und das sie wohl auch den Juden und

Heiden wünschen mögen: sie denken aber nicht daran, daß Christus sein Leben für seine Feinde hingegeben habe, und daß auch wir verpflichtet seien, nicht nur zu lieben, sondern im Notfall auch unser Gut und Leben für unsere christlichen Brüder zu opfern. Vorzüglich sind aber die Vorgesetzten dazu verpflichtet.

5.

Auf zweifache Weise wird die Liebe unterhalten: Und zwar die Liebe zu Gott: Durch die Beobachtung der Gebote, gemäß jenen Worten: *Wenn ihr meine Gebote haltet, so werdet ihr in meiner Liebe bleiben; so wie auch ich die Gebote meines Vaters beobachte und in seiner Liebe. bleibe.*[2] Die Liebe des Nächsten durch Teilnahme, gemäß jenem Spruch des Predigers: *Unterlasse nicht die Weinenden zu trösten; und wandle mit den Trauernden. Es verdrieße dich nicht, den Kranken zu besuchen; denn dadurch wirst du in der Liebe gestärkt werden.*[3]

II. Kapitel.

Von der Demut.

I.

DIE Demut ist dann wahrhaft und vollkommen, wenn die erwiesene Ehre verachtet, und ihre Erweisung auch nicht verlangt wird. Ein wahrhaft Demütiger fürchtet immer, es möchte ihm eine Ehre erwiesen werden; und wenn sie ihm erwiesen wird, erschrickt er darüber und wird innigst betrübt, weil er weiß, daß nur Gott allein Ehre und Ruhm gebühre. Ein wahrhaft Demütiger rühmt sich nicht weniger irgendeiner Ehre oder Gnade, außer er beabsichtigt hierbei, den Zuhörern ein Vertrauen auf Gott einzuflößen. Wird aber in seiner

---

[2] Joh. 15, 10.
[3] Jes. Sir. 7, 38, 39.

Gegenwart etwas Rühmliches von ihm, oder von einer Gnade, die er besitzt, erzählt, so wird sein Herz dabei verwundet, und er wird niedergeschlagen, weil er wohl weiß, daß dies Gott allein angehöre, was ihm zugeschrieben wird, Gott allein die Ehre gebühre. Ein wahrhaft Demütiger mißt sich mit niemand, weder mit einem größeren, noch mit einem minderen, noch mit seinesgleichen: vielmehr hält er niemand geringer als sich selbst; er verachtet niemand als nur sich selbst; und verlangt auch von allen verachtet zu werden; er hält es für seine größte Freude, wenn er verachtet wird. Ein solcher fürchtet keine Unbilde und geizt nach keiner Ehre. *Mancher verdemütigt sich auf verstellte Weise und sein Innerstes ist voll von Schalkheit.*[4] Aber der wahre Demütige will nach dem Zeugnis des heiligen Bernhards für verächtlich gehalten und nicht demütig genannt werden. Der die Demut liebt muß die Wurzel der Demut in sein Herz pflanzen, nämlich er muß seine eigene Gebrechlichkeit erkennen, daß er einsehe, nicht nur, wie schwach er sei, sondern auch wie tief er fallen könnte; ja, wie tief er heute noch fallen würde, wenn ihn nicht Gott durch seinen mächtigen Beistand von der Sünde bewahrte, und ihm die Versuchungen und Gelegenheiten entzöge. Hier kann sich jeder erkennen und einsehen, daß er, gemäß seiner Gebrechlichkeit fähig sei, in den Abgrund jeder Sünde zu stürzen, wie der Prophet sagt: *Deine Demütigung, hat in dir selbst ihren Grund.*[5]

2.

Zur wahren Demut führt die öftere Ausübung verächtlicher Arbeiten; denn die Heilige Schrift sagt: Derjenige gelangt niemals zur Tugend der Demut, welcher die Werke der Demut scheut.

---

[4] Jes. Sir. 19, 23.
[5] Mich. 6, 14.

3.

Bei der wahren Demut erhält sich der Mensch durch die gründliche Erkenntnis, er könne weder eine fleischliche, noch geistliche Versuchung überwinden; noch weniger ein gutes und Gott wohlgefälliges Werk verrichten, ohne besondere Gnadenhilfe unseres Herrn Jesu Christi.

4.

Die wahre Demut erweist sich wenn der Mensch sich selbst so erniedrigt, daß er sich aller Gnaden unwürdig fühlt, und sich auch nicht einmal getraut, um eine Gnade zu bitten; wenn er eine, ihm von Gott, ohne sein Verlangen, zuteil gewordene Gnade, mit Furcht empfängt. Ja, es scheint ihm lobwürdiger zu sein, die Gnade Gottes nicht haben, als sie besitzen, der er sich so oft in mancher Hinsicht unwürdig gemacht, sie mißbraucht, und von der er niemals, nach der Anordnung Gottes, den rechten Gebrauch gemacht habe. Ferner ist es ein Beweis von wahrer Demut, wenn man allzeit den letzten Platz, die geringste Gesellschaft, das niedrigste Amt und die schlechteste Kleidung sucht.

5.

Der Hochmut kann auf eine doppelte Weise erkannt werden. Durch äußerliche Zeichen gemäß jenem Spruch: *Der Anzug, das Lachen und der Gang verraten den Menschen.*[6] So sagt auch der heilige Augustin: „Ein guter oder böser Baum wird aus seiner guten oder bösen Frucht erkannt, weil alle Handlungen aus dem Herzen – aus der Gesinnung hervorgehen. Gleichwie ein guter oder übler Geruch aus dem unverdorbenen oder verdorbenen Magen aufsteigt, je nachdem gute oder schlechte Sachen in demselben liegen"; und gleichwie nach dem Zeugnis des heiligen Augustins, ein freches Auge ein unzüchtiges Herz verrät, so verraten die äußerlichen Zeichen die innerliche Gesinnung

---

[6] Jes. Sir. 19, 27.

der Menschen. Die inneren Zeichen, durch welche sich die Hoffart erkennen läßt, sind: Wenn jemand im Herzen sich selbst gefällt, sich anderen vorzieht und ihnen vorgezogen zu werden verlangt, und wenn er durch seine Handlungen das Wohlgefallen der Menschen sucht und wünscht. Ein solcher stimmt mit dem demütigen Lehrmeister, Jesus Christus, nicht überein, der nicht das ihm Angenehme, sondern nach dem Zeugnis des Apostels Paulus, die Schmach vor Menschen, und Leiden im Auge hatte, der nicht gekommen ist, zu gebieten, sondern untertänig zu sein, wie er selbst sagt: *Des Menschen Sohn ist nicht gekommen, sich bedienen zu lassen, sondern zu dienen.*[7] Darum wird ein solcher Lehrer die Gebeine jener Schüler (nach dem Ausdruck des Psalmisten) welche nicht Gott, sondern *den Menschen zu gefallen suchen, zerstreuen, und sie werden zuschanden werden, weil Gott sie verachtet hat.*[8]

III. Kapitel.

Von dem Gehorsam gegen Gott.

I.

DER wahre und vollkommene Gehorsam gegen Gott besteht darin, daß der Mensch ernstlich und oft bedenke, was am meisten, zu jeder Zeit und überall Gott gefalle, und wozu ihm Gottes weise Vorsehung bestimmt habe, und daß er nach allen Kräften sich bestrebe, seiner Bestimmung allzeit zu entsprechen.

---

[7] Matth. 20, 28.
[8] Ps. 52, 7.

2.

Der wahre Gehorsam wird den Stellvertretern Jesu Christi, nämlich den Vorgesetzten erwiesen, wenn der Untergebene alles dasjenige, was ganz gegen seine Neigung ist, getreu und gerne vollzieht, und wenn er durch kein Zeichen, kein Wort und keine Handlung zu erkennen gibt, daß ihm das Anbefohlene zuwider sei. Der wahre Gehorsam erscheint aber da nicht, wenn der Untergebene das Gebot selbst macht, und nur zu tun verlangt, was ihm wohlgefällig ist. Der heilige Augustin sagt: „Dein bester Diener, o Herr, ist derjenige, der nicht darauf achtet, das von dir zu vernehmen, was er sich wünscht, sondern vielmehr nur das will, was er von dir vernommen haben wird."

Der wahrhaft Gehorsame wartet nicht erst auf den Befehl; ihm ist genug, den Willen seines Vorstehers zu wissen, oder vermuten zu können, um ihn eifrig zu vollziehen gleich einem Befehl, nach dem Beispiel unseres Herrn, Jesus Christus, den der Wille und das Wohlgefallen seines himmlischen Vaters für den höchsten Befehl galt.

Ein wahrhaft Gehorsamer ordnet seine Handlungen niemals selbst an, noch urteilt er nach seiner Gesinnung und offenbart auch niemand seine Meinung über seine Handlungen, indem er weder das Wollen noch das Nichtwollen von sich abhängen läßt, sondern er überläßt jede Verfügung über sich unbedenklich und unbedingt Gott und seinem Vorgesetzten.

Der wahrhaft Gehorsame läßt es unentschieden (wenn offenbar Gott befiehlt) ob das Anbefohlene gut, oder böse sei, wie Abraham nicht untersuchte, ob es gut oder böse sei, seinen Sohn zu schlachten; ihm war es genug, daß es Gott befohlen hatte. Er macht auch keinen Unterschied zwischen gut und besser; denn er hält allezeit, das für das Beste – auch im Zweifel – was anbefohlen worden ist; ausgenommen, es wäre das Anbefohlene eine offenbare Sünde. Denn der heilige Gregorius schreibt, daß aus Gehorsam niemals etwas Böses geschehen darf, wohl aber muß manchmal aus Gehorsam etwas Gutes unterlassen werden. Ferner schreibt dieser heilige Vater: „Weil uns aber manchmal angenehme, manchmal aber widerliche Dinge auferlegt werden, so ist wohl zu merken, daß der Gehorsam, wenn etwas auf unsere Veranlassung befohlen wird, kein Verdienst habe, und dieses manchmal auch dann sehr gering sei, wenn wir zwar den Befehl nicht veranlaßten. Denn wenn uns etwas Vorteilhaftes dieser Welt aufgetragen, wenn man zu einer höheren Stelle befördert wird; so hat der, welcher bei Annahme dieser Stelle gehorsamt, sich des Verdienstes des Gehorsams beraubt, wenn er, aus eigenem Verlangen, nach selber getrachtet hat. Denn der befindet sich nicht unter der Leitung des Gehorsams, welcher, um sich vorteilhafte Um stände des Lebens zu verschaffen, der Leidenschaft des Ehrgeizes frönt. Ferner, wenn verächtliche Aufträge erteilt werden, wenn man zur Erduldung von Schmähungen und Unbilden angewiesen ist, und das Gemüt nicht selbst dieselben wünscht, so vermindert man sich den Verdienst des Gehorsams; weil man sich zu dem, was in der Welt verachtet wird, nicht aus freiem Willen, sondern nur unwillig bequemt.“ Und bald darauf schließt er: „Es muß also der Gehorsam in unangenehmen Din gen nach unserem Wunsch sein, was bei angenehmen nicht sein darf; denn in unangenehmen Dingen ist der Gehorsam um so verdienstlicher, je mehr man sich durch eigenes Verlangen der göttlichen Anordnung anschließt, und in angenehmen Fällen wird er um so wahrhafter, je entfernter das Gemüt von dem Wunsch nach der vor Augen habenden Ehre ist, die ihm durch Gottes Fügung zuteil wird.“

3.

Zum wahren Gehorsam soll uns ermuntern der vollkommenste Gehorsam unseres Herrn Jesus Christus, der nicht nur Gott, dem himmlischen Vater, in allem gehorsamte, indem er sprach: *Doch, nicht mein, sondern dein Wille geschehe*[9]; sondern auch den Menschen, Guten und Bösen, untertänig war, ja sogar den Teufeln. Ferner, weil alle lebenden und leblosen Geschöpfe Gott gehorsamen, der dieselben dem Menschen unterworfen hat, damit dieser daraus erkenne, daß er sich Gott unterwerfen müsse. Sonne und Mond gehorchten dem Josua; die Erde dem Moses, als sie den Korah, Dathan, und Abiron verschlungen hat; das Meer dem Petrus als er darauf wandelte, und dem Moses, da es den Pharao und sein Kriegsheer ersäufte; die Schlangen gehorchten den Magiern in Ägypten; die wilden Tiere den Einsiedlern und heiligen Vätern in Ägypten, wie man in ihren Lebensbeschreibungen liest; die Luft, der Schnee, und der Hagel diente dem Samuel; der Regen dem Elias, und das Feuer ebendemselben, um die 52 zu verzehren; die Vögel gehorsamten dem heiligen Vater Franziskus; die Teufel den Aposteln; die Krankheiten heiligen Menschen, da sie andere hiervon befreiten; und viele Geschöpfe dem Moses in Ägypten. Und weil alle diese Gott gehorchen im Himmel, auf der Erde, im Fegefeuer und in der Hölle, so sollte darum billig auch der Mensch Gott in allem gehorsamen, und seinen Geboten und seinem heiligsten Willen getreu nachkommen.

4.

Die Zeichen des wahren Gehorsams beschreibt der heilige Bernhard also: „Der getreue Gehorsam weiß von keiner Zögerung, er verschiebt nichts auf Morgen, ist nicht langsam, kommt den Befehlen zuvor: Die Augen stehen schon bereit zum Sehen, die Ohren zum Vernehmen, die Zunge zum Reden, die Hände zum Arbeiten, die Füße zum Gehen; er macht sich ganz gefaßt, um den Willen des Befehlenden zu vernehmen." Ebenderselbe schreibt ferner: „Jeder wahrhaft Gehorsame gibt sein Wollen und sein Nichtwollen hin (nämlich in die Hände seines Vorgesetzten) damit er sagen könne: Mein Herz ist bereit, o Gott,

---

[9] Luc. 22, 42.

mein Herz ist bereit. Bereit alles zu tun, was du mir befehlen wirst, bereit auf jeden Wink, augenblicklich zu gehorsamen, bereit dir zu Diensten zu stehen, meinem Nebenmenschen zu dienen, mich selbst zu bewahren, und in Betrachtung himmlischer Dinge zu ruhen."

5.

Ein Beweis vom Ungehorsam ist es, wenn der Untergebene den Befehl des Vorgesetzten für ungerecht hält, und darum darüber murrt; wenn er sich entschuldigt, daß er diesen Befehl nicht vollziehen könne und nicht schuldig sei, zu vollziehen; wenn er verschiedene Wege ausdenkt, um sich auf eine feine Weise zu entziehen, wenn er zuletzt einige beredet, damit sie durch Mißraten, oder Vorstellungen und Bitten die Ausführung des Befehls verhindern, oder dessen Zurücknahme bewirken möchten. Dies hat Abraham nicht getan, der bei der Nacht fortging, um den göttlichen Befehl sogleich zu vollziehen; der seine Knechte am Fuß des Berges zurückließ, damit sie ihn bei der Schlachtung seines liebsten Sohnes nicht hindern möchten. Dadurch hat er aber auch reichlichen Segen verdient für sich und seine Nachkommenschaft.

IV. Kapitel.

Von der Geduld.

I.

DIE Geduld ist dann wahrhaft und voll kommen, wenn jemand Unbilden geduldig leidet, er mag schuldig, oder unschuldig sein, nach dem Beispiel des frommen Job, welcher sagt: *Ich habe nicht gesündigt und in Bitterkeiten weilt mein Auge.*[10] Und wenn schon ein Unrecht dem Unschuldigen schwerer fällt, als dem Sträflichen, so

---

[10] Job 17, 2.

kann und soll doch das Unrecht mit mehr Seelenruhe ertragen werden, wenn sich das Gewissen nichts vorzuwerfen hat, als wenn man durch eigene vorausgegangene Schuld sich selbst dieses Leiden zugezogen hat; nach dem Zeugnis des heiligen Apostel Petrus, der also spricht: *Keiner von euch leide als ein Mörder, oder Dieb, oder als ein Verleumder, oder Habsüchtiger. Leidet er aber als ein Christ, so schäme er sich nicht, sondern preise vielmehr Gott in diesem Namen. – Denn es ist besser, daß ihr, wenn es Gottes Wille ist, um guter, als um böser Taten willen leidet. – Denn was wäre das für ein Ruhm, wenn ihr, als Verbrecher gezüchtigt, geduldig leiden würdet. Aber wenn ihr recht handelt und dabei das Unrecht geduldig ertragt, das ist Ehre vor Gott.*[11]

2.

Lobenswürdig ist auch diese Geduld, welche die Unbilden, die nicht nur von boshaften, sondern auch von solchen, welche gut und Freunde zu sein scheinen, nicht bloß wegen Beleidigungen, sondern auch wegen Wohltaten zugefügt werden, geduldig erträgt. *So ist die Seele – die Freundin Gottes unter den Töchtern, wie die Lilie unter den Dornen.*[12] Denn die Lilie, obschon sie von den Dornen gestochen wird, behält doch ihre Weiße bei, und gibt einen desto stärkeren Geruch von sich, als wenn sie nicht wäre gestochen worden. So auch eine Seele, die göttliche Braut, wenn sie von denen, welche unter die Zahl der Kinder und Freunde Gottes zu gehören scheinen, verwundet, jedoch nicht zur Ungeduld gebracht wird, sondern die Reinheit des guten Gewissens und den Geruch des guten Namens zu erhalten beflissen ist.

3.

Jener ist wahrhaft geduldig, der nicht nur die zugefügten Unbilden gelassen erträgt, sondern auch noch mehrere zu erdulden wünscht,

---

[11] I. Pet. 4, 15, 16. 3, 17. 2, 20.
[12] Hohel. 2, 2.

nach dem Beispiel Jesu Christi, der gesprochen hat: *Schmach und Elend hat mein Herz erwartet.*[13]

Ein wahrhaft Geduldiger murrt nicht unter der Geißel, nach dem Beispiel des Job[14], der unter den drückendsten Leiden kein törichtes Wort gegen Gott vernehmen ließ; sondern mit fröhlichem Gemüt und von Herzen für die zugeschickten Leiden dankt.

Ein wahrhaft Geduldiger rechtfertigt sich wegen dem zugefügten Unrecht niemals, auch im Fall der Aufforderung nicht, indem er sich in allem Gott dem getreuesten Vergelter überläßt, der gewiß zu seiner Zeit die Unschuld der Seinen offenbar machen wird; gleichwie der Herr Jesus auf die Frage des Pilatus nicht geantwortet hat.

Der wahrhaft Geduldige klagt niemandem die empfangene Unbilde. Es wird zwar durch die Klage und durch Entschuldigung das Herz zuweilen erleichtert, aber diese Erleichterung achtet er nicht; sondern er trägt sein Kreuz mit Gott allein, bis ihn der getreue und gütigste Herr durch den innerlichen Trost von demselben befreit.

4

Drei Beweggründe sind es, die uns zur Übung der wahren Geduld antreiben sollen. Einer derselben ist die Erkenntnis, daß wir für unsere Sünden die ewigen und bittersten Qualen der Hölle verdient haben, und daß wir statt derselben mit körperlichen, zeitlichen Leiden gezüchtigt werden. Der andere ist, daß unser Herr Jesus Christus durch die vielen verschiedenen und großen Leiden, die er lange Zeit für uns erduldete, gar wohl um uns verdient hat, daß wir aus dankbarer Liebe eine kurze Kränkung ertragen. Der dritte ist dieser: daß der gerechte Gott nach Maßgabe der Länge, der Größe und Bitterkeit der ausgestandenen Leiden auch die Dauer, den Genuß und die Süßigkeit der Freuden bemessen werde; wie der heilige Apostel Paulus versichert,

---

[13] Ps. 68, 21.
[14] Job 1, 22.

da er schreibt: *Denn unsere gegenwärtige Trübsal, die augenblicklich und leicht ist, verschafft uns eine unermeßliche, ewige, alles überwiegende Herrlichkeit.*[15]

5.

Ein Beweis wahrer Geduld ist es, wenn man sich nicht rächt, da man könnte, und auch anderen die Rache nicht gestattet, wie es David machte, der nicht zuließ, den Semei zu töten, welcher doch Kot und Steine nach ihm geworfen und ihn einen blutgierigen Mann gescholten hatte. Ein wahrer Geduldiger betet vielmehr für seine Beleidiger, wie dies Christus der Herr für seine Kreuziger, und der heilige Stephanus für diejenigen getan hat, die ihn steinigten. Ja er nötigt sogar den Herrn, sich über die Beleidiger zu erbarmen, wie es Moses tat mit den Worten: *Entweder lasse ihnen diese Schuld nach, oder wenn du es nicht tust, so streiche mich aus deinem Buch, das du geschrieben hast.*[16] Solche Gebete hört und erhört Gott gerne. Deswegen sind auch diese, nämlich David, Christus und Stephanus im Gebet für ihre Feinde erhört worden

6.

Ein Zeichen der Ungeduld ist es; wenn jemand wegen zugefügter Beleidigung aus innerem Antrieb freiwillig gute Handlungen unterläßt, die er leicht hätte verrichten können und sollen; denn da soll Gott den von einem Menschen verursachten Verdruß entgelten. Diese innerliche Bewegung der Ungeduld läßt sich nicht leicht verbergen, sie verrät sich entweder in Gesicht, oder in Gebärden, oder in Worten. Diese ist die gefährlichste Ungeduld, derer Ausbruch auf unverdiente Weise gegen Gott sich wendet.

---

[15] 2. Kor. 4, 17.
[16] Exod. 32, 32.

V. Kapitel.

Von der Armut.

1.

DIE wahre und vollkommene Armut zeigt sich dann, wenn man alles freiwillig und gerne wegen Gott verläßt, außer dem Notwendigen nichts besitzt, sich der nötigen Bedürfnisse unwürdig hält, ja sogar wegen Gott und aus Liebe zur Armut öfters notwendige Dinge entbehrt. Denn wo kein Bedürfnis ist, da kann keine Rede von der wahren Armut sein. In einem solchen Mangel an notwendiger Speise war unser Herr Jesus Christus, als er für sich und seine Jünger, welche die Ähren zerrieben und die Körner aßen, kein Brot bekommen konnte. Auf gleiche Weise mangelte ihm die notwendige Kleidung, indem er, wie der heilige Bernhard bemerkt, vor der Kreuzigung ganz entblößt wurde. Am Kreuz dürstend konnte er keinen Trunk Wasser erhalten, und hatte da weder einen Stein, noch ein Stück Holz, um sterbend darauf sein Haupt zu legen. O, wie oft ist manches Überfluß, was man für eine wahre Notwendigkeit hält!

2.

Ein wahrer Armer hat kein Verlangen nach vergänglichen Gütern, ja er weist selbst die angebotenen ab, nach dem Beispiel des Elisäus, der die Geschenke des Naaman nicht angenommen hat; und des Daniel, der die Schenkungen des Königs Balthasar verschmähte. Nur jener liebt die Armut wahrhaft, der sich durch die Armut lieber eine geringe Glorie im Himmel verdienen will, als eine große durch die Reichtümer; und dies wegen der Gleichförmigkeit mit Jesus Christus.

3.

Nach dem Urteil des heilige Bernhard sollen uns drei Beweggründe zur Liebe der wahren Arnut reizen: „Nichts", sagt er, „ist Gott angenehmer, nichts den Engeln liebenswürdiger, nichts den Menschen nützlicher, als in der Armut und im Gehorsam sein Leben enden." Daß aber die Armut Gott gefalle, bezeugt ebendieser heilige Lehrer mit diesen Worten: „In der linken Hand Gottes", sagt er, „sind Reichtum und Ehre, in der rechten die lange Dauer des Lebens. Bei allen diesen war auch noch die ewige Fülle im Himmel; nur die Armut fand sich nicht da. Diese war nur auf der Erde, und da war sie überflüssig vorhanden, aber der Mensch kannte ihren Wert nicht. Nach dieser also trug der Sohn Gottes ein Verlangen. Er stieg hernieder, damit er sich selbe auserwähle, und durch seine Wahl sie auch uns schätzbar mache."

Ein anderer Beweggrund zur wahren Armut ist die Ehre, bei Christus zu sitzen, weil die Armen und Verachteten einst im Gericht Christus zur Seite sitzen und die Stolzen und Reichen richten werden. O wie schön ist es vor Gott, wegen seiner alles verlassen, ihm zuliebe freiwillig arm werden, in allem auf Gott vertrauen, der mächtig genug ist, einmal oder zweimal des Tags dem körperlichen Bedürfnis zu steuern, was vor Gott das mindeste ist. Denn dies gibt er seinen Feinden reichlicher als seinen Freunden; so wie er mächtig ist, bei Tag und Nacht und zu jedem Augenblick, dem Geist einen Überfluß geistlicher Gaben zu verschaffen, die vor Gott die größten Geschenke sind. Diese werden aber seinen Feinden nicht zuteil, sondern nur den Frommen, die seine Freunde sind.

4.

Ein Kennzeichen der wahren Armut ist, keine Sorge haben wegen vergänglichen Gütern, und sich lediglich und unbekümmert Gott überlassen, der den Vögeln und Würmern reichliche Speise verschafft; und vorzüglich für die jungen Raben sorgt, die der alte schwarze Rabe, so lange jene weiß sind, nicht für seine Jungen hält und sie verläßt, indem sie, damit sie nicht verhungern, durch Gottes Fügung teils vom

Tau, teils von Mücken und Fliegen, welche an dem Schaum ihrer Schnäbel kleben, erhalten werden, bis sie gleichwohl schwarzes Gefieder bekommen, wo sie dann der Rabe selbst zu pflegen anfängt, weil sie vor Hunger nicht aufhören stark zu schreien.

5.

Ein Beweis von falscher Armut, oder vielmehr vom Geiz ist es, wenn man über die Notwendigkeit milde Gaben sucht, oder sie oft und gerne annimmt. Ein solcher verkauft seine Freiheit gemäß jenem Spruch des Weltweisen: „Geschenke annehmen heißt seine Freiheit verkaufen." Und die Heilige Schrift sagt „Nimm keine Geschenke an, welche die Augen der Weisen blenden und die Worte der Gerechten umändern."[17] Wie kann jener ein Liebhaber der Armut sein, der keinen Mangel leiden will, der ohne Notwendigkeit gerne und oft Geschenke annimmt und sogar sucht, oder wohl gar mit feiner List erzwingt, und ohne Bedürfnis aufbewahrt.

VI. Kapitel.

Von der Keuschheit.

I.

DIE Keuschheit ist dann eine wahre und vollkommene Tugend, wenn nicht nur der Leib vor fleischlicher Befleckung bewahrt, sondern auch die Seele vor fleischlicher Begierde rein erhalten wird; nach dem Beispiel der Sara, die zu Gott also sagen konnte: *Du, o Herr, weißt es, daß ich nie eine Begierde auf einen Mann hatte, und daß ich meine Seele von aller Begierlichkeit rein erhalten habe.*[18] Ja sogar von jenen Dingen, die zur Begierlichkeit Gelegenheit geben; das ist, wie sie

---

[17] Deut. 16, 19.
[18] Tob. 3, 16.

weiter spricht: *Ich habe mich niemals unter die gemischt, welche es mit den weltlichen Ergötzlichkeiten halten, noch zu denen mich gesellt, die in Leichtfertigkeit wandeln.*[19]

2.

Jener liebt die Keuschheit wahrhaft, der, wegen der Gleichförmigkeit mit Jesus Christus, viel lieber mit der jungfräulichen Reinigkeit (wenn es möglich wäre) eine geringere Gnade auf dieser, und eine geringere Glorie in jener Welt verdienen wollte, als eine größere Gnade und Glorie durch die Pflichten des Ehestandes.

3.

Die Liebe zur Keuschheit soll uns vorzüglich einflößen das Beispiel unseres Herrn Jesus Christus, seiner heiligsten Mutter, und den heiligen Jungfrauen, welche einst für die Erhaltung der Keuschheit die irdischen Reiche verachteten und ihr Leben freiwillig hinopferten, wie die heilige Agnes, Katharina, Agatha und unzählige andere ihresgleichen; und selbst auch die Keuschheit jener Weiber, und Jungfrauen aus dem Heidentum, von denen der heilige Hieronymus schreibt, daß sie sich dem Tode preisgaben, um ihre Keuschheit zu erhalten. Auch die Reinigkeit, und Freiheit, die im Gefolge der Keuschheit sind, sollten uns zu dieser Tugend ermuntern und einladen. Ferner auch die Glorie, welche von Christus dem Herrn der Keuschheit verheißen ist. *Wer überwunden haben wird*, sagt er, (nämlich die Begierlichkeit des Fleisches) *dem gestatte ich mit mir auf dem Thron zu sitzen; gleich wie auch ich überwunden habe und mit meinem Vater auf seinem Thron sitze.*[20] – *Denn die unbefleckt erhaltene Reinigkeit führt uns am nächsten zu Gott.*[21]

---

[19] Tob. 3, 17.
[20] Apok. 3, 21.
[21] Weish. 6, 20.

Was die Keuschheit erhält und zu ihr führt, sind folgende Mittel: Sparsame Nahrung, geringe Kleidung, körperliche Unbequemlichkeit, Flucht vor solchen Plätzen und Zeiten, die der Unlauterkeit günstig sind. Hätte dies die Dina, die Tochter des Jakobs beobachtet, wäre sie nicht in die Schlinge geraten, als sie zum Volksfest kam, um den weiblichen Putz jener Gegend zu sehen.

Man muß sich auch hüten vor allem Gefährlichen. Eine weibliche soll jede männliche Person für gefährlich halten. Denn darum wurde die Tamar, die Tochter Davids, von ihrem eigenen Bruder Ammon geschwächt, weil sie ihn nicht für gefährlich hielt, als sie ihn in der Krankheit ganz allein bediente. Auf gleiche Weise soll ein Mann jede weibliche Person für gefährlich halten, wenn sie auch eine heilige wäre. So rät der heilige Hieronymus, da er schreibt: „Wenn du die Keuschheit halten willst, so magst du ein Weib, auch wenn sie einen guten Wandel führt, wohl in deinem Herzen schätzen, aber nicht ihre leibliche Gegenwart lieben."

Das vorzüglichste Mittel, die Keuschheit zu erhalten, ist: Sich in Gott erfreuen; denn da verachtet man alles andere. Hat man einmal den Frieden des Heiligen Geistes gekostet, so verliert man für sinnliche Vergnügen den Geschmack. Daher schreibt der heilige Gregorius: „Wer einmal von der Liebe irdischer Dinge gefesselt ist, der hat keine Freude an Gott. Ohne Freude jedoch kann eine menschliche Seele nicht sein. Denn entweder ergötzt man sich an den niedrigsten, oder an den höchsten Dingen. Und je größer die Mühe ist, womit man nach den höchsten strebt, desto größer ist der Ekel gegen die niedrigsten Dinge. Und mit je angestrengterer Sorge man für die niedrigsten Dinge eifert, mit desto verdammlicherer Nachlässigkeit erkaltet man für die höchsten. Denn beide kann man nicht zugleich und auf gleiche Weise lieben."

5.

Die wahre Keuschheit erweist sich durch die Bezähmung der fünf Sinne und durch die Verwahrung derselben gegen die Reize des Fleisches, durch Wegwendung des Herzens von leichtfertigen Reden, Vorstellungen und Ergötzlichkeiten. Denn aus der Ergötzung der Augen beim Sehen, des Geschmacks beim Kosten, des Geruchs beim Riechen, des Gefühls bei Berührungen, der Füße beim Gehen, des Mundes beim Lachen und Reden, pflegen fleischliche Begierden zu entstehen, welche das Gemüt zur Unlauterkeit zubereiten, oder geneigt machen.

6.

Eine Anreizung zur Unlauterkeit ist die Unmäßigkeit in Speise und Trank. Daher kann die schändliche Entblößung des Noah, und die Blutschande des Lot mit seinen Töchtern. Deswegen befiehlt der Apostel: *Berauscht euch nicht mit Wein, woraus Ausschweifung folgt*[22], nämlich durch die Gelegenheit.

Ferner: „Ein freches Auge verrät ein lüsternes Herz", wie der heilige Augustinus sagt; ingleichen auch unkeusche Worte, ein leichtfertiger Gang, und das Gernereden mit weiblichen Personen. Der weise Sirach bezeugt: *Wegen der Schönheit der Weiber sind viele in das Verderben geraten; und dadurch wird die böse Begierlichkeit wie ein Feuer angezündet.*[23] Auf gleiche Weise bringt das Gespräch eines Mannes ein Weib leicht in Flammen. So reizt auch die geflissentliche Betrachtung des Ganges und einer fremden Gestalt zur Unzucht. Deswegen warnt der weise Sirach: *Eine Jungfrau sollst du nicht anschauen, damit du durch ihre schöne Gestalt nicht etwa geärgert werdest.*[24] Ebenso behutsam muß sich das weibliche Geschlecht gegen das männliche betragen, und dieses gegen jenes, daß man weder seine Gedanken, noch seine

---

[22] Ephes. 5, 18.
[23] Jes. Sir. 9, 9.
[24] Jes. Sir. 9, 5.

Blicke auf das andere Geschlecht hefte. Diesen heilsamen Rat befolgte Job: *Ich habe mit meinen Augen einen Bund gemacht, um auch nicht einen Gedanken auf eine Jungfrau zu haben.*[25] Was noch mehr ist, als bloß den Besuch der Jungfrauen meiden.

VII. Kapitel.

Von der Abtötung.

I.

DIE wahre und vollkommene Abtötung wird geübt, wenn man sich nur der nötigsten Dinge in Nahrung und Kleidung bedient und von jenen sich enthält, die überflüssig, oder nur zur Ergötzung sind und die viele Mühe, oder großen Aufwand kosten, nach dem Beispiel des heiligen Johannes des Täufers, der nur Heuschrecken und Waldhonig aß, nur Wasser trank und ein kamelhärenes Kleid trug. Darum sagt der Apostel: *Wenn wir Nahrung und Kleidung haben, so seien wir damit zufrieden.*[26] Weil ein Diener Gottes sein Kleid nicht tragen soll zur Zierde, noch zum Vergnügen, sondern zur Bedeckung seiner Blöße, wie die gewöhnliche Erklärung über Matthäus von dem Kleid des Johannes anmerkt.

2.

Derjenige beobachtet und liebt die wahre Abtötung, welcher nicht nur jene Vergnügen gerne entbehrt, die er nicht hat und die für ihn unerlaubt wären; sondern auch jenen Freuden freiwillig und einzig wegen Gott entsagt, die er hat und haben kann, und die er genießen dürfte, seien sie kostbar oder gering, oder ergötzlich. Denn wenn man mehr Lust hätte zu einem Brei, als zu Rebhühner, zum Wasser als

---

[25] Job. 31, 1.
[26] 1. Tim. 6, 7.

zum Wein; so wäre der Abbruch vom Brei und vom Wasser Gott angenehmer, als jener von den Rebhühnern und vom Wein. Denn der heilige Augustinus sagt: „Jedes Vergnügen, das ohne Begierde genossen wird, schadet nicht." Und schlechte Speisen, welche mit Lust und Gier verschlungen werden, sind der Tugend der wahren Abtötung hinderlich. David hat das Wasser, nach welchem ihn zu sehr gelüstete, verschüttet; er getraute sich nicht selbes zu trinken, weil seine Lust dazu zu groß war. Dagegen hat Elias das Fleisch, das er nicht verlangt, und das ihm Gott durch einen Raben geschickt hatte, gegessen. Zeuge hiervon ist Esau, der nicht wegen einer Henne, sondern wegen einem Linsenbrei den unwiederbringlichen Segen verloren hat. Man muß sich nicht nur Abbruch tun von körperlichen Ergötzlichkeiten, sondern auch von denen des Gemüts, nämlich von Eitelkeiten, von unnützen Gesprächen, von zeitlichen Freuden, von schweren Sünden, von gefährlichen Freundschaften. Dieser Abbruch ist nützlicher und auch lobenswürdiger, als jener erstere.

3.

Aus zwei Gründen sollen wir uns die wahre Abtötung eigen machen.

Erstlich, weil wir niemals die Gaben Gottes mit schuldiger Dankbarkeit empfangen; niemals dieselben zum gehörigen Zweck, noch nach Gottes Anordnung genossen, und darum uns Gottes Mißfallen zugezogen haben.

Zweitens, weil wir von allen empfangenen Gaben strenge Rechenschaft ablegen müssen, zu welchem Zweck nämlich wir selbe verwendet haben, ob zu unserer Notwendigkeit, oder zum gemeinen Wohl. Wer sich aber derselben mit wahrer Abtötung bedient, der hat keine Rechenschaft zu geben.

Ein doppelter Nutzen ist der Erfolg der Abtötung, nämlich die Erkenntnis der göttlichen Geheimnisse, und die Gewährung seiner Wünsche. Wir sehen dies beim Daniel, der, da er sich von den königlichen Speisen und Getränken enthielt, und nur Wasser und Hülsenfrüchte genoß, alle Magier und Wahrsager in der Erkenntnis der Gesichter und Träume übertraf. Auf sein Gebet sind auch die sieben Jahre, welche Nabuchodonosor als Vieh hätte zubringen sollen, in sieben Monate abgeändert worden. Derselbe erlangte auch, daß Gott nicht nur dem König zu Sinn kommen ließ, dem gefangenen Volk die Erlaubnis zu erteilen zur Rückkehr nach Jerusalem, sondern auch dem Volk den Willen einflößte, zurückzukehren, als es zauderte. Er ist auch in vielen anderen seinen geheimen Wünschen, wegen seiner Abtötung erhört worden, wie er selbst bezeugt: *In denselben Tagen war ich, Daniel, drei Wochen lang traurig; ich aß keine anmutige Speise, es kam auch weder Fleisch noch Wein in meinen Mund, und bediente mich auch keiner Salbe.* Und darum sagte der Engel zu ihm: *Vom ersten Tage an, da du dein Herz bereitetest, um vor dem Angesicht deines Gottes dich abzutöten, sind deine Worte erhört.*[27] Noch kann man beisetzen, daß die Abtötung die Barmherzigkeit Gottes erlangt, wie wir an den Niniviten sehen, welche auf die Predigt des Jonas sich in Speise und Trank abgetötet und so die Barmherzigkeit Gottes erlanget haben.

4

Mehr bewundern, als nachahmen läßt sich die Abtötung der alten Priester, von denen der heilige Hieronymus schreibt, daß sie sich von Fleischspeisen und Wein allzeit enthielten, um ja der Begierlichkeit keine Nahrung zu geben, welche gewöhnlich durch jene Genüsse gepflegt wird, daß sie wegen der geringen Nahrung an Betäubtkeit und Kopfschwindel litten. Nur selten aßen sie Brot, um den Magen nicht zu beschweren. Und wenn sie es aßen, so nahmen sie hierzu gestoßenen Ysop, damit sie durch dessen Wärme die härtere Speise leichter verdauen könnten. Öl nahmen sie nur zum Gemüse, und dies nur wenig, wegen dem Ekel, um die Härte desselben zu mildern. Von dem

---

[27] Dan. 10, 2, 3, 12.

Geflügel war gar keine Rede, indem sie sich sogar der Eier und Milch enthielten, weil sie jene für flüssiges Fleisch, diese aber für Blut hielten nur unter einer anderen Farbe.

5.

Ein Zeichen wahrer Abtötung ist es, wenn man kostbare und delikate Speisen nicht nur zur zeit der Gesundheit sich versagt, sondern auch zur zeit der Krankheit, oder in einem anderen Notfall sich derselben nur gezwungen, und mit Widerwillen bedient. Ingleichen wenn man nicht nur von geschmackvollen, kostbaren und überflüssigen sich enthält, sondern auch von den notwendigen Nahrungsmitteln sich etwas manchmal entzieht, um damit andere Dürftige speisen zu können, nach jener Ermahnung des heiligen Hieronymus: „Was du essen würdest, wenn du nicht fastetest, das gib den Armen, damit das Fasten des Leibes zum Besten der Seele gedeihe, nicht aber zum Vorteil deiner Kasse."

6.

Falsche Abtötung aber ist es, wenn man sich kostbarer und delikater Speisen nur dann enthält, wenn man sie nicht hat, entweder in der Absicht, um für enthaltsam angesehen zu werden, oder aus Sparsamkeit, um nicht in Armut zu geraten; oder aus Geiz, um sich zu bereichern oder um sich keine Krankheit, oder keinen üblen Ruf zuzuziehen; oder um sich zu irgendeiner Beförderung zu empfehlen, und nicht um sich in diesem Leben eine Gnade, und einst die ewige Glorie zu verdienen.

VIII. Kapitel.

Von der Weisheit.

1.

DIE Weisheit ist dann wahrhaft und vollkommen, wenn sie sich auf die Erkenntnis der göttlichen Natur und auf die Niedrigkeit des menschlichen Elends stützt. Diese Weisheit wünschte sich der heilige Augustinus, da er auf rief: „Mein Gott, der du allzeit der nämliche bist, o daß ich dich erkennte, o daß ich mich erkennte!"

2.

Derjenige ist wahrhaft weise, der ernstlich nach der Erkenntnis dessen strebt, was das Beste ist, und dasselbe auch mit allem Ernst ergreift; und was das Schlimmste ist, von ganzem Herzen verabscheut. Derjenige ist wahrhaft weise, der oft überlegt, was den Guten und was den Bösen bevorstehe, welch eine Glückseligkeit es für die Guten sei, ewig mit dem höchsten Gut vereinigt zu sein, und welch eine Qual es für die Bösen sei, vom höchsten Gut sich ewig getrennt zu sehen.

Jener besitzt wahre Weisheit, der alles dasjenige sorgfältig flieht, was vom vertrauten Umgang mit Gott auf eine Zeit ausschließt, nämlich die läßliche Sünde und was auf immer vom Genuß Gottes entfernt, nämlich die schwere Sünde.

Auf gleiche Weise ist derjenige mit wahrer Weisheit begabt, der alles das liebt, was zu Gott führt, nämlich die guten Werke und was mit Gott ewig vereinigt, nämlich die Tugenden und die Gaben des Heiligen Geistes.

3.

Zur wahren Weisheit soll uns ermuntern das Beispiel der Weltweisen, welche sich, wie der heilige Hieronymus schreibt, zur Erlangung der Wissenschaften so sehr anstrengten, daß sie die Städte, die

Zusammenkünfte der Menschen, selbst die Gärten der Vorstädte (wo bewässerte Felder, belaubte Bäume, der Gesang der Vögel, zu viele Reize für ihr Auge und Ohr darboten) flohen, damit ihr starker Geist nicht durch Überfluß und Gemächlichkeit zur Weichlichkeit verleitet, und dessen Weisheit nicht geschändet würde. Denn es ist unnütz, das oft sehen, was man schon einmal gesehen hat, und sich mit Sachen abgeben, die man entbehren soll, und wovon man sich hart losreißt. Die Pythagoräer pflegten ebenfalls in unbewohnten Orten sich aufzuhalten; von einigen lesen wir sogar, daß sie sich selbst der Augen beraubt haben, damit sie nichts mehr sehen, um dadurch in ihren philosophischen Betrachtungen nicht gestört zu werden. Wer demnach glaubt, er könne bei vollem Genuß von Speisen und Getränken sich auf die Weisheit verlegen, das heißt, er könne in Schwelgerei leben und sich den Wollüsten ergeben, ohne ihr Sklave zu werden, der betrügt sich selbst. Denn das Gemüt pflegt an das zu denken, was es sieht, hört, riecht, kostet und berührt; und die Begierde neigt sich zu dem, was ergötzt. Um wieviel mehr sollen wir auf der Hut sein, die wir uns auf die himmlische Weisheit verlegen müssen.

Ferner soll uns antreiben, uns diese Tugend eigen zu machen, die Verdammung vieler wegen Unwissenheit; denn der Prophet Jesaia[28] sagt: *Darum ist mein Volk gefangen weggeführt worden, weil es keine Erkenntnis hatte.* Und Baruch: *Weil sie die Weisheit nicht hatten, sind sie wegen ihrer Torheit zugrunde gegangen.*[29]

4.

Das Geschäft der Weisheit ist, zu ordnen die Gedanken des Herzens, daß sie außer Gott nicht umherschweifen; die Neigungen des Gemüts, daß sie von den Geschöpfen nicht eingenommen werden; den Willen, daß er sich von Gott nicht wegwende; die Absichten, damit selbe nicht

---

[28] Jes. 5, 13.
[29] Bar. 3, 28.

gemischt, sondern vielmehr gereinigt werden; die Urteile und Meinungen, damit sie verbessert werden. Auf gleiche Weise muß die Weisheit ordnen alle Worte, alle Handlungen, und unsere Schritte, damit alles nach dem gehörigen Ziel und Ende geschehe zum gemeinsamen Wohl und zur Erbauung aller. Denn nach dem Zeugnis des Salomon: *Leuchtet die Weisheit des Menschen aus seinem Gesicht*[30], das ist, aus seinem äußeren Betragen. Wer so beschaffen ist, der trägt die Merkmale wahrer Weisheit an sich. Hiervon spricht der heilige Bernhard also: „Prüfe dein Leben durch eine tägliche Erforschung. Bemerke wohl, wie weit du vorwärts, oder rückwärts gekommen seist, wie deine Sitten, wie deine Neigungen beschaffen seien; ob du Gott ähnlich oder unähnlich seist. Befleiße dich nach allen Kräften, dich selbst kennenzulernen; weil du durch diese Selbstkenntnis viel besser wirst, als wenn du, mit Vernachlässigung deiner selbst, in der Stern- und Kräuterkunde große Fortschritte machtest.“

Ein Merkmal falscher Weisheit ist es, sich nur um die Kenntnis der Gestirne, der Kräuter und der Edelsteine bemühen, und bloß des Gewinnes halber. Denn eine solche Wissenschaft erbaut nicht, sondern macht aufgeblasen. Ferner verrät die Schlauheit in weltlichen Geschäften nichts anderes, als falsche Weisheit. Vielmehr heißt dies töricht sein; denn nach dem Zeugnis des Apostels: *Ist die Weisheit dieser Welt Torheit vor Gott.*[31] Solcher Toren gibt es leider viele; deshalb beklagt sich der Sohn Gottes: *Die Kinder dieser Welt sind in ihrer Art viel klüger, als die Kinder des Lichts.*[32] Ferner: Viele sind witzig und scharfsinnig zum Bösen und zu neuen Erfindungen; aber stumpf und blind, den Willen Gottes zu erkennen. Von diesen spricht Jeremias: *Sie sind klug, um Böses zu tun: Gutes zu tun verstehen sie aber*

---

[30] Jes. Sir. 8, 1.
[31] 1. Kor. 3, 19.
[32] Luc. 16, 8.

nicht.[33] *Solche,* sagt der Apostel, *die da sagen* (und glauben) *sie seien weise, sind Toren geworden.*[34]

IX. Kapitel.

Von der Starkmütigkeit.

1.

WAHRHAFT und vollkommen starkmütig sein, heißt über sich selbst herrschen, wenn die Seele angefochten wird von der Hoffart, vom Neid, vom Zorn, von der Sinnlichkeit, vom Geiz, von eitler Ehre, von fleischlichen Gelüsten und Selbstgefallen, die vernünftige Seele aber keineswegs einwilligt, sondern diese Lockungen sogleich abweist. Daher kommt jener Ausspruch: *Wer sein Gemüt beherrscht ist besser, als der, welcher Städte mit stürmender Hand erobert.*[35] Diese Starkmütigkeit hatte der so tapfere Samson nicht, obgleich er einen Löwen erwürgt und mit dem Kinn eines Esels 1.000 Mann erschlagen hatte; weil er nachher durch die Liebschaft gegen ein Weib alle seine Stärke verloren hat.

2.

Die wahre Geistesstärke besitzt nur jener, der seine Glieder und seine Sinne von unerlaubten Dingen zurückhält. Diese hatte David nicht, der zwar einen Bären und Löwen erlegte, und den Goliath überwand; aber seine Augen von einem unerlaubten Blick nicht abhielt. Ei, wie stark sind manche zum Fasten, zum Wachen und zur Züchtigung ihres Körpers mit Geißeln und Bußgürteln; die jedoch weder ihre Füße zurückhalten können von sündhaften Bewegungen, noch ihre Hände von unerlaubten Werken und Betastungen, noch die Ohren vom An-

---

[33] Jer. 4, 22.
[34] Röm. 1, 22.
[35] Sprichw. 10, 32.

hören schädlicher Dinge, und am wenigsten die Zunge von verderblichen Reden, wie der heilige Apostel Jacobus sagt: *Alle Naturen der wilden Tiere, der Vögel, der Schlangen und der anderen Tiere werden gezähmt und sind gezähmt worden von der menschlichen Natur; aber die Zunge kann kein Mensch zähmen, dies unbändige Übel, voll tödlichen Giftes.*[36] Und doch ist ohne die Bezähmung derselben unser Gottesdienst nicht wahrhaft, wie eben dieser Apostel spricht: *Wenn nun jemand meint, der diene Gott und seine Zunge nicht im Zaum hält, sondern sein Herz täuscht, dessen Gottesdienst ist eitel.*[37]

3.

Zur wahren Geistesstärke führt die Verkostung des geistlichen Trostes. Denn dieser stärkt das Gemüt zum Gutestun, zur Ertragung der Widerwärtigkeiten und zur Besiegung der bösen Leidenschaften und alles dessen, was schädlich ist. Ein Vorbild hiervon war Joanathas, der, ein wenig Honig kostend, erleuchtet und gestärkt ward zur Verfolgung der Feinde. So empfand Moses eine unnennbare Wonne des Geistes bei der Erscheinung und Unterredung mit Gott und ward dadurch so sehr gestärkt, daß er durch 40 Tage keine leibliche Speise nötig hatte.

4.

Das Geschäft der Starkmütigkeit ist, den Verstand in der Erkenntnis Gottes und den Willen in der Liebe Gottes und des Nächsten zu befestigen; den Geist zu stärken, daß er sich in Widerwärtigkeiten nicht schrecken lasse und in Tagen des Trostes nicht übermütig werde. Sie muß unser Gemüt ermuntern, daß es sich stets im Guten übe und vom Bösen nicht überwinden lasse. Die erstere Starkmütigkeit hatten Paulus und Stephanus; die andere Mattathias und Eleazarus, Job und

---

[36] Jac. 3, 7. 8.
[37] Jac. 1, 26.

Daniel; die dritte Tobias. Wer diese Eigenschaften an sich bemerkt, der kann versichert sein, daß er die wahre Geistesstärke besitze.

5.

Ein Beweis von falscher, ja einer sehr bösartigen Geistesstärke ist es, wenn man sich unterfängt, vieles und Großes wider Gott zu unternehmen. Hiervon schreibt der heilige Anselm: „Sündigen ist keine Freiheit, noch ein Teil der Freiheit. Sündigen ist vielmehr ein Unvermögen als ein Vermögen. Denn wer immer so was vermag, was ihm schädlich ist, je mehr er vermag, desto mehr vermag über ihn die Widersetzlichkeit und Verkehrtheit." Daher droht Jesaia: *Wehe euch, die ihr mächtig seid zum Weintrinken, und starke Männer, um euch miteinander vollzusaufen.*[38] Diese falsche Geistesstärke besaßen einst jene Könige und Fürsten, welche die Kirche verfolgten; sie findet sich noch bei den Verfolgern der Kirche und wird sich einst finden bei dem Antichrist und seinen Anhängern.

X. Kapitel.

Von der Gerechtigkeit.

I.

DIE wahre und vollkommene Gerechtigkeit in Bezug auf Gott ist die Erstattung des in allem Gott schuldigen Lobes, der gebührenden Danksagung für alles Gute, sowohl für die empfangenen Wohltaten, als für die erlittenen Übel, der geziemenden Genugtuung für alle sündhaften Handlungen und Unterlassungen und der schuldigen, schmerzlichen Reue wegen allen vernachlässigten Gnaden.

---

[38] Jes. 5, 22.

2.

Die wahre Gerechtigkeit gegen Gott übt jener, der allzeit und überall Gott getreu ist in Beobachtung aller Gebote und aufhabenden Gelübde, der einen solchen Fleiß auf jedes seiner Werke verwendet und einen solchen Wert auf alle seine Zeit setzt, als wenn von selben sein ganzes Heil abhinge; und der alle seine Werke einzig wegen Gott, so gut als möglich entrichtet, und dabei nicht auf irgendeine Gunst, ja nicht einmal auf einen zeitlichen oder ewigen Vorteil sieht; der alle Gaben mit geziemender Dankbarkeit empfängt und sie allzeit und überall nach Gottes Anordnung verwendet.

3.

Die wahre Gerechtigkeit in Bezug auf den Nächsten besteht in zwei Stücken: Niemals dem Nebenmenschen etwas tun, was wir mit Recht nicht wollen, daß es uns geschehe, das ist: Man soll niemals den Nebenmenschen verletzen oder beleidigen durch Worte oder Taten, durch Zeichen oder Ratschläge, weder in seinen Besitzungen, noch am Leib, noch an der Ehre, niemals von ihm übles wähnen, niemals ihm übel nachreden, niemals sein Wohl untergraben, noch vermindern, niemals sein Bestes verhindern. Denn dies will nach Recht niemand, daß es ihm geschehe. Wir sollen dem Nebenmenschen das nämliche tun, was wir wollen, daß es uns mit Recht geschehe, das ist: man soll seinen Nebenmenschen ehren, von ihm Gutes denken; alle seine Handlungen, auch die bösen möglichst gut auslegen; bei seinem Wohlergehen Freude mit seinem Mißgeschick Mitleid haben, seine Unschuld allzeit in Schutz nehmen, und ihn in seiner Abwesenheit verteidigen. Denn dies wünscht jeder mit Recht, daß es ihm auch geschehe. Wir sagen mit Recht; denn der Richter möchte statt des Diebs nicht gehängt werden und doch muß er den Verbrecher hängen lassen; weil es die Gerechtigkeit erfordert. Der Straßenräuber würde sich gerne ausrauben lassen, wenn es ihm erlaubt wäre, andere auszurauben, was er aber nicht tun darf, weil es der Gerechtigkeit nicht gemäß ist. Die Gerechtigkeit muß sogar gegen Verstorbene beobachtet werden, daß man nicht säume, ihre letzte Willenserklärung gemäß ihrer Anordnung, zu vollziehen; und daß man durch Fasten, Beten und Almosengeben, worauf sie ihr Vertrauen hatten, ihre jenseitige Strafen erleichtere oder abkürze. Denn der heilige Bernhard sagt: „Die Strafen derjenigen, die sich im Fegefeuer befinden, werden durch Fasten, Gebete und Almosen, abgekürzt." Endlich soll man auch die Gerechtigkeit gegen, die heiligen Engel beobachten, indem man durch Befolgung ihrer heilsamen Ermahnungen ihre Ehre befördert, welche sie sich durch die uns geleisteten Dienste verdienen.

4.

Zur Ausübung der Gerechtigkeit soll uns aneifern jener Spruch. Davids: *Der Herr ist gerecht und hat die Gerechtigkeit lieb.*[39] Zudem ist dem Gerechten in diesem Leben Hoffnung und Freude verheißen; denn es steht geschrieben: *Der Gerechte wird sich im Herrn erfreuen und auf ihn hoffen.*[40] Wiederum ist dem Gerechten Jubel und Belobung zugesagt: *Frohlockt ihr Gerechten im Herrn, euch geziemt allgemeines Lob.*[41] Ferner wird dem Gerechten auch Sicherheit im Gericht versprochen: *Die Gerechten werden in großer Beständigkeit dastehen.*[42] Und selbst auch das ewige Leben: *Die Gerechten werden ewig leben.*[43] Was immer Gott in der Heiligen Schrift Gutes verheißt, das erlanget man durch die Gerechtigkeit.

---

[39] Ps. 10, 8.
[40] Ps. 63, 11.
[41] Ps. 32, 1.
[42] Weish. 5, 1.
[43] Weish. 5, 16.

5.

Die wahre Gerechtigkeit zu üben, muß man bedacht sein auf seine Gedanken und Neigungen, daß sie allzeit auf Gott zielen, seinen Willen, daß er dem Willen Gottes gleichförmig sei und seine Absichten so zu ordnen, daß sie auf Gott und in allem zu seinem Lob gerichtet seien. Auf gleiche Weise muß man allen Worten und Werken eine solche Richtung geben, daß sie allzeit einen bestimmten und regelmäßigen Endzweck haben; denn dadurch erweist sich die wahre Gerechtigkeit.

6.

Hingegen ist es ein Beweis von Ungerechtigkeit, sich etwas anmaßen oder zueignen, was eigentlich nur Gott gebührt, als nämlich die Liebe, das Lob, die Ehre, die Rache oder auch was man dem Nebenmenschen schuldig ist und ihm gebührte. – *O mein Gott! Leite meine Schritte, damit nicht irgendeine Ungerechtigkeit sich meiner bemächtige.*[44]

XI. Kapitel.

Von der Selbstbeherrschung.

1.

DIE wahre und vollkommene Selbstbeherrschung besteht in der gebührenden Bezähmung der Gemütsbewegungen und in bescheidener Anordnung der äußerlichen Werke.

2.

Die wahre Selbstbeherrschung übt derjenige, der nicht nur sein Gemüt im Zaum hält, damit es nicht in böse und unnütze Gedanken ausschweife, sondern der auch das gehörige Maß beobachtet im Guten,

---

[44] Ps. 118, 133.

damit man nicht zu oft, oder länger sich in frommen Übungen aufhalte, als es die Zeit gestattet; so wie denn auch die Gedanken auf seine Geschäfte, obwohl sie an sich nützliche Gedanken sind, doch während der von Gott befohlenen Andacht als zur Unzeit, nicht dürfen zugelassen werden, gemäß der Ermahnung des heiligen Bernhards: „Der Heilige Geist hat in jener Stunde kein Wohlgefallen an was anderem, als was du zu tun schuldig bist, was du auch immer, mit Vernachlässigung des schuldigen darbringen wolltest, dessen Willen wir mittelst seiner Gnade vollkommen entrichten könnten."

Auf gleiche Weise hält der sich wahrhaft Beherrschende seine Gemütsbewegungen und Leidenschaften so lange und so viel im Zaum, als es nötig ist, wenn etwas oder nichts zu hoffen oder zu fürchten ist, wenn man sich über etwas oder nichts freuen oder trauern soll; oder wenn man gegen etwas eine Liebe, Haß oder Scham haben sollte.

So hält er auch den Verstand in Zucht, damit er nicht zu viele Zeit, als es sich geziemt, auf seine Forschungen verwende.

So schreibt er auch dem Willen das Maß vor, wie und was er verlangen und der Absicht, welche und wie groß sie sein und wohin sie zielen dürfe. Und der Freiheit desselben stellt er vor, welches Gut zu erwählen und welches Übel zu verabscheuen sei.

Auch der Zunge gebietet die wahre Selbstbeherrschung, wann man reden, wann man schweigen müsse und wie lange es erlaubt sei; mit wem man reden soll und an welchem Ort; nämlich mit Leuten und an Orten, die nicht verdächtig sind; wie und wieviel man reden dürfe; nämlich bedachtsam und mit Nachdruck, mit Ziel und Maß; wegen was man reden soll, nämlich wegen notwendigen und nützlichen Dingen und wofür; nämlich für die Angelegenheiten der Seele und des Leibs. Ingleichen ordnet sie auch die Handlungen, die Sitten und die

Bewegungen aller Glieder, damit nach der Lehre des Apostels: Alles ehrbar und ordentlich von uns geschehe.[45]

3.

Zur wahren Selbstbeherrschung soll uns vermögen die weiseste Anordnung Gottes, die alles nach Maß, Zahl und Gewicht ausgeteilt hat. Nach dieser Anordnung sollen alle unsere Handlungen, Sitten und unser Leben gemessen, gezählt und beurteilt werden, das ist, durch die Kraft des Vaters, dem das Maß; durch die Kraft des Sohnes, dem die Zahl; und durch die Kraft des Heiligen Geistes, dem das Gewicht zugeschrieben wird.

Zur Selbstbeherrschung ermahnte auch der heilige Apostel Paulus, da er schrieb: *Gebt weder den Juden, noch den Heiden, noch der Gemeinde Gottes ein Ärgernis; so wie auch ich in allem allen zu Gefallen lebe, indem ich nicht suche, was mir, sondern was vielen heilsam ist, damit sie selig werden.*[46] Jener war gewiß wahrhaft gemäßigt, der niemanden beleidiget, und allen zu gefallen gelebt hat.

4.

Die wahre Selbstbeherrschung gibt derjenige zu erkennen, der mäßig ist in Nahrung, Kleidung und Schlaf, im Genuß einer leiblichen Bequemlichkeit und zeitlichen Ergötzung und sich in allen diesen weder einen Überfluß, noch eine unordentliche Neigung, sondern nur die bloße Notwendigkeit gestattet.

Wer sich wahrhaft beherrscht, bestrebt sich in allen Stücken, ein gewisses Maß zu beobachten, ausgenommen in der Liebe und in dem Lob Gottes und in der Danksagung. Denn *groß ist der Herr und un-*

---

[45] I. Kor. 14, 40.
[46] I. Kor. 10, 32, 33.

endlich lobenswürdig.[47] Und darum solle er ohne Zahl, ohne Maß und ohne Ende von uns geliebt und gelobt werden.

5.

Das Gegenteil von Selbstbeherrschung erweist sich, wenn einer durch sein ungeordnetes Betragen alle belästigt und beunruhigt, die um ihn sind und sich in keinem Stück mit anderen gleichförmig zu verhalten weiß; sondern nur das gutheißt, was ihm gefällt und alles nach seinem Eigensinn durchzusetzen sucht; er ist allen und sich selbst unerträglich. Daher schreibt der heilige Augustinus: „Du, o Herr, hast es befohlen, und so ist es auch geschehen, daß ein unordentliches Gemüt sich selbst zur Strafe diene. Allein um wieviel mehr anderen." Ein solcher Mensch war Ismael, von dem die Schrift sagt: *Dieser wird ein wilder Mensch sein, seine Hand wird gegen alle und aller Hände gegen ihn sein.*[48]

XII. Kapitel.

Von dem Mitleid.

I.

DAS Mitleid als wahre, vollkommene Tugend, ist in Bezug auf Gott, eine Traurigkeit, indem man innigst im Herzen betrübt wird über alle Beleidigungen, die Gott zugefügt worden sind, oder noch zugefügt werden, entweder ihm selbst, oder seinen Freunden; denn wer diese angreift, der greift ihm, sozusagen, in ein Auge. Bei dem Tode Christi am Kreuz haben alle Elemente ihr Beileid bezeugt.

---

[47] Ps. 47, 2.
[48] Gen. 16, 12.

2.

In Bezug auf den Nebenmenschen ist das Mitleid eine herzliche Teilnahme an den Drangsalen desselben, sie mögen geistliche oder leibliche sein, nach dem Beispiel des Apostels, der also schrieb: *Wer wird schwach, ohne daß ich nicht mit ihm schwach werde?*[49] Diese Stelle wird also er klärt: Wer wird schwach entweder im Glauben, oder in irgendeiner Tugend und ich werde nicht schwach; das ist, daß ich ihn nicht bemitleide, wie mich selbst? Wer wird geärgert durch irgendein böses Beispiel, und ich brenne nicht durch das Feuer des Mitleids?

Gegen jene Seelen aber, welche sich im Reinigungsfeuer befinden, ist das Mitleid eine heftige Betrübnis über die bitteren Qualen, die sie dort leiden, und besonders, daß sie von der seligen Anschauung und dem Genuß Gottes noch zurückgehalten werden; und daß Gott von ihnen noch nicht vollkommen gepriesen werde. Gemäß dieser Betrübnis und dieses Mitleids bittet man Gott inständig, daß er sich würdigen möchte, sie aus dieser schmerzlichen Lage und Qual zu befreien.

3.

Zum wahren Mitleid soll uns bewegen das überfließende Mitleid unseres Erlösers gegen uns, der nach dem Zeugnis des heiligen Augustinus sich so beeilt, den Sünder von der Peinigung des Gewissens recht bald zu befreien, gleichsam als quälte ihn das Mitleid gegen den zu Erbarmenden mehr, als diesen das Mitleid gegen ihn. Er hatte nicht nur Mitleid gegen uns gezeigt, sondern auch sogar *unsere Schwachheit auf sich genommen und unsere Schmerzen getragen.*[50] Selbst die Natur fordert uns zum Mitleid auf, wie der Apostel sagt: *Wenn ein Glied leidet, so leiden alle Glieder mit.*[51] Das Mitleid hat auch einen doppelten

---

[49] 2. Kor. 11, 29.
[50] Jes. 53, 4.
[51] I. Kor. 12, 26.

Nutzen, der ebenfalls ein mächtiger Antrieb dazu sein soll, nämlich, daß wir in der Liebe befestigt, und einst mit Christus herrschen werden. Von dem ersten Nutzen lesen wir bei dem Sohn Sirachs: *Unterlasse nicht die Weinenden zu trösten und wandle mit den Traurigen. Laß dich nicht verdrießen, einen Kranken zu besuchen; denn dadurch wirst du in der Liebe bestätigt werden.*[52] Vom zweiten Nutzen spricht der Apostel: *Dulden wir mit Jesu, so werden wir auch mit herrschen.*[53] Selten ist die Tugend des Mitleids, indem sich Gott der Herr beim Psalmisten beklagt: *Ich habe gewartet, ob sich jemand mit mir betrübte und es war niemand, und ob mich jemand trösten würde und ich habe keinen gefunden.*[54]

4.

Das wahre Mitleid erzeigt sich nicht nur gegen Freunde, sondern auch gegen Feinde. So hat Joseph über einen jeden seiner Brüder geweint, die ihn doch um 30 Zehner verkauft hatten. Und David beweinte mit großer Trauer den Tod des Sauls, der ihn doch zu töten versucht hatte; ja er veranstaltete, daß die Kinder Israel einen Trauergesang auf diesen Tod lernten. So hat David auch nach dem Tode des Absaloms, der ihn vom Thron stürzen wollte, mit entblößtem Haupt also gejammert: *Mein Sohn Absalom! Absalom, mein Sohn! Wer gibt mir, daß ich statt deiner sterbe! Absalom, mein Sohn! Mein Sohn Absalom!*[55] Ingleichen lesen wir bei Job: *Vormals weinte ich über den, der betrübt war und meine Seele hatte Mitleid mit dem Armen.*[56]

---

[52] Jes. Sir. 7, 38. 39.
[53] 2. Tim. 2, 12.
[54] Ps. 68, 21.
[55] 2. Kön. 18, 33.
[56] Job. 30, 25.

Falsches Mitleid hingegen ist es, wenn man es zwar mit Worten und in Gesichtszügen zu erkennen gibt; im Herzen aber sich über die Betrübnis des Nächsten freut; oder dem Betrübten keine Linderung verschafft, da man könnte; oder denen, nicht Einhalt tut, welche die Betrübnis verursachen, da man es doch vermöchte; sondern vielmehr dieselben durch Worte, Zeichen oder Taten hierzu aufmuntert und bestärkt.

XIII. Kapitel.

Vom Frieden.

I.

DEN wahren Frieden mit Gott genießt man, wenn man den Gebrauch der fünf Sinne und aller Glieder, so wie auch alle innerlichen und äußerlichen Werke nach dem Verlangen der Vernunft einrichtet; und wenn alle Gedanken, alle Neigungen, alle Vorhaben und Absichten und unser ganzes Innerstes den Forderungen der Vernunft gemäß sein werden, diese aber dem Willen und der Anordnung Gottes entspricht. So oft aber etwas gegen die Zustimmung der Vernunft unternommen wird, so wird sogleich der innere Friede gestört.

2.

Derjenige hält wahrhaft Friede mit Gott, der, wie die Erklärung über jenen Text, sagt: *Da wir gerechtfertigt, sind durch den Glauben, sollen wir Friede haben mit Gott*[57], gegen die Gebote Gottes durch einen entgegengesetzten Willen nicht im Widerspruch steht; der die Befehle des Herrn vollzieht und seinen Willen der göttlichen Anord-

---

[57] Röm. 8, 1.

nung unterwirft. Denn der wahre Friede besteht im Einklang mit guten Sitten und im Kampf gegen das Böse.

Mit dem Nächsten hat man wahren Frieden, wenn man sich wohl in acht nimmt, keinen vorsätzlich bei was immer für einer Gelegenheit zu betrüben. Denn wer vorsätzlicherweise jemand beleidigt, der wird zu keiner Zeit ohne Unruhe sein können. Denn es wird sich der Beleidigte entweder rächen, wenn er kann, oder falls er nicht kann, die Rache verbeißen. Da nun einmal die Unruhe gestiftet ist, so trägt er doch immer den Stachel und die Vorwürfe des Gewissens mit sich herum.

Jener sucht wahrhaft den Frieden, der nur auf sich allein achtgibt und jeden anderen seinem eigenen Gutdünken überläßt und mit Hintansetzung der irdischen und zeitlichen Sorgen, in Betrachtung göttlicher Dinge ruht. Denn der wahre Friede wird allein in Gott gefunden, gemäß jenem Spruch des heiligen Augustinus: „Du hast uns für dich geschaffen, o Herr, und unser Herz ist unruhig, bis es Ruhe findet in dir."

3.

Ein doppelter Nutzen soll uns zur Liebe des wahren Friedens antreiben: nämlich das selige Gefühl und die Ruhe des Gemüts, welche im Gefolge des Friedens sind. Dieses selige Gefühl ist gleichsam ein Teil und der Anfang der ewigen Ruhe und der ewigen Seligkeit; oder die Zubereitung einer immerwährenden und beständigen Wohnung Gottes in der Seele, der wegen seiner übergroßen Friedensliebe nur in einem friedsamen Herzen Platz nimmt und ruht, wie er selbst beim Psalmisten sagt: *Ich will im Frieden hierüber einschlafen und ruhen.*[58] Und wiederum: *Im Frieden ist seine Stätte bereitet.*[59] So spricht auch der Apostel: *Seid friedsam, so wird der Gott des Friedens und der Liebe*

---

[58] Ps. 4, 9.
[59] Ps. 75, 2.

mit euch sein.[60] Den wahren Frieden erhalten wir, sagt der heilige Hieronymus über den Brief an die Epheser: „Wenn wir uns des Guten wegen einander lieben; wenn wir das Sündhafte (das Unkraut) das wir ohne Nachteil des Weizens oder ohne Hoffnung der Besserung des Sünders nicht ausreuten können, bis zur letzten Ernte gedulden; wenn wir jene Werke der Vollkommenheit, deren Ausübung oder Unterlassung uns freisteht, unterlassen, wenn sie den Schwachen zum Anstoß sein könnten."

4.

Den wahren Frieden sucht jener zu erhalten, der jeden Ort, solche Leute und solche Handlungen vermeidet, bei denen man eine Störung des Friedens voraussehen kann. Das sicherste Zeichen der wahren Friedensliebe ist, wenn man allzeit und überall sich an die Gebote Gottes und seine Gelübde genau hält, wie der Psalmist bezeugt: *Die dein Gesetz lieben, haben vielen Frieden.*[61] Wahrer Friede ist dort, wo sich die Vernunft dem Licht des Glaubens in allem unterwirft.

5.

Dagegen hat jener nur einen falschen Frieden, der nicht alle Wurzeln des Unfriedens ausreutet, die immer wieder nachzuwachsen pflegen. Diese sind: Der Eigenwille, der Unabhängigkeitssinn, die Sonderlichkeit und die Gefallsucht, wovon anderswo gehandelt wird.

Ferner ist dieser kein wahrer Friede, der nicht in der eigenen Tugend gegründet ist, sondern in der Nachgiebigkeit anderer; so z. B. gibt es einige, die steten Frieden genießen, weil sie keinen Widerspruch erfahren, sondern alles nach ihrem Gefallen finden. Geschieht aber etwas gegen ihre Gesinnung oder gegen ihr Wohlgefallen, so verlieren sie sogleich den Frieden des Herzens. Da ist die Tugend des Friedens

---

[60] 2. Kor. 13, 11.
[61] Ps. 118, 165.

nicht in ihnen, sondern in ihren Umgebungen; daher können diese den Frieden rauben, wann sie wollen. Wer aber den wahren Frieden zu besitzen verlangt, der muß nicht darauf achten, was andere tun oder sagen, sie mögen schmeicheln, oder übel nachreden, sondern allzeit nur bedacht sein, den Frieden in seinem Gemüt zu erhalten. Nur so wird die Tugend des Friedens wahrhaft und bis ans Ende in ihm verbleiben.

XIV. Kapitel.

Von der Barmherzigkeit.

1.

IN drei Stücken besteht die wahre Barmherzigkeit: im Geben, im Vergeben und im mehr Tun, als man schuldig ist.

2.

Der wahrhaft Barmherzige gibt dem Dürftigen das Nötige, so lange er etwas hat. Würde er es nicht tun, so würde er die wahre Barmherzigkeit nicht ausüben, sagt der heilige Chrysostomus. „Aber du hast schon einmal ein Almosen gegeben, – nein", spricht er, „das ist noch kein Almosen. Denn wenn du den Dürftigen nicht so lange unterstützt, als du kannst, so wirst du deine Schuldigkeit nicht erfüllt haben. Denn auch die (törichten) Jungfrauen hatten Lampen und Öl, aber letzteres nicht genugsam." Die wahre Barmherzigkeit hatte Job; denn er sagt: *Habe ich den Armen versagt, was sie begehrten und die Augen der Witwe warten lassen; habe ich meinen Bissen allein gegessen und hat der Waise nicht auch davon genossen; denn die Erbarmung ist von meiner Kindheit mit mir aufgewachsen und mit mir aus dem Mut-*

terleib gekommen. Und bald hernach spricht er: *Der Fremdling ist nicht draußen geblieben, meine Tür stand den Reisenden offen.*[62]

Wer nur von seiner Habe gibt, die Unbilden aber nicht verzeiht, der übt keine Barmherzigkeit, sagt der heilige Gregorius. Der wahrhaft Barmherzige erläßt daher freiwillig und ungebeten von Herzen jede Beleidigung und will weder selbst, noch durch jemand anderen Rache nehmen. Der wahrhaft Barmherzige ist bereit williger zur Verzeihung, als der Beleidiger zur Abbitte. Denn ihn schmerzt mehr die Sünde, die der Beleidiger begeht, als das Unrecht, das er von ihm zu ertragen hat. So hat David dem Semei, der Flüche und Steine nach ihm warf, diese Beleidigung von Herzen verziehen, obgleich er nicht gebeten war. Und damit er nicht etwa von seinen Gegnern getötet würde, verbot er es mit den Worten: *Laßt ihn gehen, daß er fluche nach dem Befehl des Herrn, vielleicht sieht der Herr mein Elend an und vergilt mir Gutes für diesen heutigen Fluch.*[63] So hat Joseph seinen Brüdern verziehen, ehe sie ihn baten, indem er in der Umarmung einen jeden mit Tränen benetzte.[64]

Nicht genug, ein wahrhaft Barmherziger bestrebt sich auch, seinen Beleidigern durch Gebet sogar von Gott Verzeihung zu erbitten. So hat Moses eben den Juden, welche das Kalb ehrten, von Gott Gnade erbeten, indem er flehte: *Entweder erlasse ihnen diese Schuld, oder, wenn du es nicht tust, vertilge mich aus diesem Buch, das du geschrieben hast.*[65] So hat Stephanus für seine Steiniger, Christus für seine Kreuziger um Verzeihung und Gnade gebetet, indem ein jeder gerufen: *Verzeihe ihnen; denn sie wissen nicht, was sie tun,* wodurch die Beleidiger entschuldigt werden, gleichsam als sagten sie: sie haben keine Einsicht; denn sie wissen nicht, was sie tun, man soll es also ihnen nicht zur Schuld anrechnen, sondern ihnen gütig verzeihen.

---

[62] Job. 31, 16, 17, 18, 32.
[63] 2. Kön. 16, 11, 12.
[64] Gen. 45, 15.
[65] Exod. 32, 31, 32.

3.

Der erste Beweggrund, die wahre Barmherzigkeit zu üben, soll sein, weil Gott aus seiner Wesenheit unendlich barmherzig ist und auch an uns Menschen die Werke der Barmherzigkeit mehr als alles andere liebt, wie er selbst spricht: *Geht hin und lernt, was das heiße: Ich will Barmherzigkeit, und nicht Opfer.*[66]

Der andere Beweggrund zur Übung der Barmherzigkeit ist dieser, weil der barmherzige Gott die unbarmherzigen Menschen ohne Barmherzigkeit richten wird, wie der heilige Apostel Jacobus schreibt: *Ein unbarmherziges Gericht wird über den ergehen, der keine Barmherzigkeit geübt hat.*[67] Und weil die Barmherzigen von Gott eine reichliche Barmherzigkeit erlangen werden. Denn: *wer sich des Armen erbarmt, leiht dem Herrn auf Zinsen*[68]; das ist, es wird ihm mit reichlichem Gewinn erstattet werden, was er den Armen mitgeteilt hat.

4.

Der Barmherzigkeit steht es zu, einem jeden nach Maßgabe seiner Verdienste bei Gott einen Platz anzuweisen, gemäß jenem Ausspruch der Heiligen Schrift: *Jede Barmherzigkeit wird dem Geber die Stätte bereiten nach dem Verdienst seiner Werke.*[69]

5.

Die Barmherzigkeit gibt sich zu erkennen, wenn man sich von seinen Lebensbedürfnissen etwas entzieht, was man ohne Nachteil der Gesundheit sich entziehen kann und wenn man fleißig arbeitet und seine Kräfte mehr anstrengt, um imstande zu sein, den Notleidenden mehr beistehen zu können.

---

[66] Matth. 9, 13.
[67] Jac. 2, 13.
[68] Sprichw. 19, 17.
[69] Jes. Sir. 16, 15.

Ein Blendwerk falscher Barmherzigkeit ist es aber, wenn man den Bedürfnissen des Nebenmenschen nach Vermögen nicht steuert, sondern die Dürftigen mit jenen Worten fortschickt, wie der heilige Jacobus schreibt: *Geht hin im Frieden, wärmt euch, sättigt euch, ihr gäbet ihnen aber nicht, was zur Notdurft des Leibes gehört, was würde das helfen?*[70] Daher spricht der heilige Chrysostomus: „Du solltest schon mit den Deinigen nicht so sparsam sein; da dir aber die Güter des Herrn anvertraut sind, warum bist du damit so zurückhaltend?"

Ebenso ist es nur falsche Barmherzigkeit wenn man den Beleidigern nur dann verzeiht, wenn man sich nicht rächen kann; oder wenn man den Beleidigern nicht aus reiner Liebe verzeiht, sondern nur darum, weil man weiß, Gott vergebe auch nicht wenn man nicht zuvor vergibt; oder wenn man nur mit dem Mund für seine Beleidiger betet, im Herzen aber sich über ihre Beschämung freut.

XV. Kapitel.

Von der Einigkeit.

I.

DIE wahre Einigkeit in Bezug auf Gott heißt nichts anderes, als sich dem göttlichen Willen ergeben in günstigen und widrigen Umständen und nach Möglichkeit sich nach dem Leben und Beispiel Christi richten. Denn der heilige Chrysostomus sagt: „Nichts ist würdiger für den Menschen, als daß er der Nachfolger seines Schöpfers und nach Maßgabe seiner Kräfte der Vollzieher der göttlichen Werke sei." Diese Übereinstimmung verlangte Christus von uns, da er am

---

[70] Jac. 2, 16.

vorletzten Tag seines Lebens also sprach: „Wie du, Vater, in mir, und ich in dir, so sollen auch diese eines sein in uns.[71]

Die wahre Einigkeit in Bezug auf den Nebenmenschen erfordert, daß man mit allen und in allem gleiche Grundsätze und Gesinnungen in Hinsicht der Religion habe, wie von der ersten Kirche die Apostelgeschichte versichert: *Die ganze Menge der Gläubigen war ein Herz und eine Seele*[72], nämlich in Betreff der Religion und des Gottesdienstes. Auch soll man sich gleichförmig machen in Speise und Trank, im Genuß des Schlafes, in Gebräuchen und Arbeiten, sofern sie nicht wider Gott, noch gegen die Gelübde, noch gegen die christliche Vollkommenheit sind, um dadurch viele zu gewinnen, wie der Apostel von sich selbst sagt: *Mit den Schwachen bin ich wie ein Schwacher geworden, damit ich die Schwachen gewänne. Ich bin allen alles geworden, damit ich alle selig machte.*[73]

2.

Die Liebe zur wahren Eintracht soll uns beibringen der Umstand, weil sie vor Gott sehr lobenswürdig ist und weil Gott Wohlgefallen hat an der Eintracht der Brüder, wie er sich selbst beim weisen Sirach ausdrückt: *Drei Dinge sind, an denen mein Geist ein Wohlgefallen hat, die auch bewährt sind vor Gott und den Menschen, die Einigkeit der Brüder, die Liebe der Nebenmenschen und Mann und Weib, die sich wohl miteinander vertragen.*[74] Denn die elenden und gebrechlichen Menschen erhalten die Einigkeit auf Erden, welche die Engel im Himmel nicht erhalten wollten.

Hierzu lädt uns auch ein das Bestreben unseres Erlösers, seine Apostel in der Einigkeit zu erhalten. Als unter ihnen ein Streit ausgebrochen war, wer unter ihnen der größere zu sein scheine und als die

---

[71] Joh. 17, 21.
[72] Apostelgesch. 4, 32.
[73] 1. Kor. 9, 22.
[74] Jes. Sir. 25, 1, 2.

Apostel auf die Brüder Jacobus und Johannes böse waren, weil sie zur Rechten und Linken ihres Meisters sitzen wollten, da stellte Christus die Einigkeit unter ihnen wieder her.

3.

Das Zeugnis eines guten Gewissens und sich keiner schweren Sünden bewußt sein, dies ist ein sicherer Beweis der wahren Einigkeit mit Gott, wie der Apostel von sich sagte: *Ich bin mir nichts bewußt.*[75] Ingleichen auch Job: *Denn mein Herz bestraft mich nicht in meinem ganzen Leben.*[76] Die Einigkeit mit Gott beweist auch das inbrünstige Verlangen, in seinem ganzen Leben in der Tugend, wie auch in allem Guten nach Gottes Anordnung mehr zuzunehmen.

Die wahre Einigkeit mit den Nebenmenschen besitzt derjenige, dessen Betragen gegen alle Menschen so heiligmäßig ist, daß sich niemand über ihn beschweren, noch ein übles Wort ihm nachreden kann. So hatten sich betragen die Eltern des heiligen Johannes des Täufers; denn *beide waren gerecht vor Gott und wandelten nach allen Geboten und Vorschriften des Herrn* (in Bezug auf Gott) *ohne Tadel* (vor den Menschen).[77] Ebenso war das Betragen der Judith beschaffen, von der die Heilige Schrift sagt: *Sie war in sehr gutem Ruf bei jedermann; denn sie fürchtete den Herrn sehr; und es war niemand, der etwas Böses von ihr redete.*[78]

4.

Ein Merkmal falscher Gleichförmigkeit mit Gott und den Menschen ist es, wenn jemand sein Gewissen nicht genau erforscht; und so aus Irrtum glaubt, er gefalle Gott, da er ihm doch in der Tat in vielen Stücken mißfällt.

---

[75] 1. Kor. 4, 4.
[76] Job. 27, 6.
[77] Luc. 1, 16.
[78] Judith. 8, 8.

Ein anderes Merkmal der Verschiedenheit zwischen Gott und den Menschen ist dieses, wenn einem die Anordnungen Gottes mit seinen Geschöpfen und die Lebensweise, Beispiele und heiligen Werke unseres Herrn Jesu Christi mißfallen. Daher jener Spruch: *Der mißfällt Gott, dem Gott mißfällt.*

Nur eine falsche Einigkeit beweist derjenige, der an den guten Werken und frommen Sitten anderer in seinem Herzen kein Wohlgefallen hat, obgleich er sie manchmal äußerlich lobt.

Einen Beweis von Uneinigkeit liefert derjenige, der seine Meinung allen anderen vorzieht, der immer trachtet, daß andere nach seiner Meinung gesinnt seien und sich niemals mit der Meinung anderer vereinigt.

XVI. Kapitel.

Von der Standhaftigkeit.

I.

DIE wahre und vollkommene Tugend der Standhaftigkeit besteht darin, daß der Mensch weder in angenehmen, noch widrigen Ereignissen vom Tugendweg abweiche; gemäß dem, wie Job sich erklärte: *Von meiner Unschuld will ich nicht abweichen, bis ich nicht mehr bin; den Weg der Gerechtigkeit, den ich angetreten habe, will ich nicht mehr verlassen.*[79] Und daß man sich weder durch Drohungen noch Verheißungen verleiten lasse, zur Übertretung der Gebote Gottes und seiner Gelübde, wie die sieben Brüder im Buch der Makkabäer, welche sich lieber die Zunge herausschneiden, die Haut über den Kopf abziehen, an Händen und Füßen verstümmeln und lebendig in ehernen Kesseln braten ließen. Auch Eleazarus willigte nicht ein, weder

---

[79] Job. 27, 5, 6.

wahrhaft noch verstellterweise verbotenes Fleisch zu essen, sondern sagte, eher wolle er in die Hölle vorausgeschickt werden.

2.

Derjenige ist wahrhaft standhaft, der niemals aufhört, Gott zu loben, wie der Psalmist sang: *Ich will den Herrn preisen zu aller Zeit, sein Lob wird allzeit in meinem Munde sein.*[80] Der auch nie nachläßt, mit eifriger Begierde nach der Vollkommenheit zu streben, wie der heilige Papst Leo bezeugt: „Niemand ist so vollkommen und so heilig, daß er nicht vollkommener und heiliger sein könnte." Ebendieser heilige Vater sagt ferner: „Da läuft man Gefahr, schlechter zu werden, wo man das Verlangen abgelegt hat, besser zu werden."

3.

Zur wahren Standhaftigkeit soll uns ermuntern das Beispiel der heiligen Märtyrer, und besonders der Jungfrauen, welche ungeachtet des schwachen Geschlechtes die ewige Glorie durch ihre Standhaftigkeit erworben haben.

Zur Standhaftigkeit soll uns ermuntern selbst die Starrsinnigkeit der Juden und Ketzer und die Vermessenheit gottloser Menschen, womit sie in ihrer Bosheit verharren, welche für ihre Treulosigkeit und ihren Starrsinn schon in dieser Welt den Stachel des Gewissens erfahren und in jener Welt die schwersten Qualen an Leib und Seele zu erwarten haben.

4.

Die wahre Standhaftigkeit erweist sich, wenn man in Gefahr ist, sein Leben, oder seine Güter zu verlieren und doch nicht unterläßt, was Gott wohlgefällig ist. So hatte Tobias nicht aufgehört, die Toten zu begraben, obgleich Sennachrib den Verlust des Lebens und aller Güter

---

[80] Ps. 33, 2.

darauf geschlagen hat. So hatte auch Daniel sein gewöhnliches Gebet nicht unterlassen. So hatten sich die Apostel, nach der Auferstehung Christi, von der Verherrlichung des Namens Jesus weder durch Geißelstreiche, noch durch Androhung des Todes abhalten lassen; Petrus und Johannes sagten ihren Gegnern beherzt ins Angesicht: Ob man nicht mehr Gott gehorchen müsse. *Urteilt selbst*, sagten sie, *ob es recht wäre vor Gott, euch mehr zu gehorchen als Gott.*[81]

Ein anderes Mal erklärten sich Petrus und die Apostel: *Es ziemt sich, Gott mehr als den Menschen zu gehorchen.*[82]

5.

Ein Zeichen von Unbeständigkeit ist es, wenn man, um menschliche Gunst, oder irgendeinen Gewinn zu erhaschen, den Weg der Gerechtigkeit verläßt; wie es Balaam machte, der wegen den Geschenken und wegen der Freundschaft des Balaks gegen den Befehl des Herrn dem israelitischen Volk fluchen wollte, oder aus Furcht, zeitliche Habschaften zu verlieren, wie jener reiche Jüngling, der traurig von Christus hinwegging, da dieser ihm die Vollkommenheit anriet; denn er hatte viele Besitzungen und Reichtümer, die er liebte, oder aus Furcht das Leben einzubüßen, wie die Apostel, die bei der Gefangennehmung Jesu alle davonliefen. Anders verhielt sich Mattatias, der die von den Gesandten des Königs Antiochus erwiesene Ehre und verheißene Geschenke verschmähte und mit Zurücklassung seiner Besitzungen sich in das Gebirge flüchtete, um dem Gesetz des Herrn getreu zu bleiben; den also weder der Genuß der Freundschaft, noch der Verlust seiner Güter vom Wege der Gerechtigkeit abbringen konnte. So konnte auch die Furcht des Todes den heiligen Stephanus von der Tugend nicht abwendig machen, sondern sein Blick war mitten unter dem Steinhagel in den Himmel zu Christus gerichtet. So war auch

---

[81] Apostelgesch. 4, 19.
[82] Apostelgesch. 5, 29.

Paulus gesinnt, da er gesprochen: *Ich bin bereit, in Jerusalem nicht nur gefesselt zu werden, sondern auch zu sterben für den Namen meines Herrn Jesus.*[83]

XVII. Kapitel.

Von der Freigebigkeit.

I.

FREIGEBIGKEIT ist dann eine wahre, vollkommene Tugend, wenn man allen Bedürftigen nach seinem Vermögen zeitliche Wohltaten mit Freuden erweist; um so mehr, wenn man auf Verlangen geistliche Güter den danach hungernden gerne spendet, nämlich im Beichtstuhl und von der Kanzel, durch Belehrung und Unterricht und zwar nicht bloß den Verlangenden, sondern auch denen, die kein Verlangen tragen und weder auf Predigt noch Unterricht achten, nach dem Rat des Apostels, gelegen und ungelegen, diese geistliche Wohltat mitteilt; ja selbst für die, welche nicht geneigt und unwissend sind, Gebet, Seufzer und Tränen vor Gott darbringt. Damit begnügt sich aber der wahrhaft Freigebige nicht; er will sich durch seine Bemühungen, durch sein Nachdenken und durch seine gottseligen Werke ganz und beständig für das Heil seiner Nebenmenschen opfern.

2.

Was soll uns mehr zu dieser Freigebigkeit anfeuern, als die schöne Gelegenheit, Gott gleichförmig zu werden? Der immerdar allen seine Gaben im zeitlichen und geistlichen mitteilt, auch denen, die ihn nicht bitten und über alles dies sogar das Fleisch und Blut seines geliebtesten Sohnes Jesu Christi. Und nicht genug, daß er uns seine Gaben ohne

---

[83] Apostelgesch. 21, 13.

Rücksicht gibt, er teilt sich in jede derselben selbst auf eine unermeßliche Weise mit.

Was seine Freigebigkeit besonders empfiehlt, ist der Umstand, daß
er niemand seine Gaben verweigert, so sehr man ihm auch entgegen
strebt. Ja viele Male bei Tag und Nacht schenkt er einem jeden seine
Gaben, so sehr er auch von manchen beleidigt wird.

Gott erweist seine Freigebigkeit auch dadurch, daß er sich von
Ergießung geistlicher Wohltaten nicht enthalten kann, sobald sich
eine Gelegenheit zur Aufnahme derselben ergibt; obschon die göttliche
Weisheit voraussieht, daß der Empfangende dieselben in Bälde wieder
verlieren werde, oder selbe schlecht verwende, oder gar als Waffen
gegen ihn mißbrauche.

Zur Freigebigkeit soll uns auch ermuntern, daß das, was wir geben,
etwas Fremdes sei. Und das Sprichwort sagt: *Aus fremden Häuten
schneidet man breite Riemen.* Daher sagt der heilige Chrysostomus:
„Du solltest selbst mit deinem Eigentum nicht so karg sein, nachdem
dir aber die Güter des Herrn anvertraut sind, warum bist damit so
zurückhaltend?“

3.

Wahre Freigebigkeit wird dann ausgeübt, wenn man von seiner
Habe den Bedürftigen freudig, ohne Rücksicht auf seine Verdienste,
oder auf eine Vergeltung, mitteilt. Wie Jesus Christus unser Herr
getan hat, der sich selbst und all das Seine hingegeben hat. Und hierin
zeigt sich die größte Vollkommenheit. Einem wahrhaft Freigebigen ist
es nicht genug, seine Habe zu spenden, zur Zeit der Not opfert er auch
für das Heil seiner Mitmenschen sich selbst – sein Leben, wie der
heilige Johannes lehrt: *Daran haben wir die Liebe Gottes erkannt, daß
er sein Leben für uns gelassen hat; darum sollen auch wir für die Brüder
das Leben lassen.*[84]

---

[84] 1. Joh. 3, 16.

Hierzu sind jedoch die Vorgesetzten hauptsächlich verpflichtet. Diese Freigebigkeit hatte der heilige Paulus erwiesen, der gesprochen hat: *Mit Freuden will ich Aufopferungen machen, ja mich selbst will ich aufopfern für eure Seelen.*[85] Derselbe sagt anderswo: *Ich sterbe täglich wegen dem Ruhm, den ich an euch habe, meine Brüder*[86], das ist, ich begebe mich euretwegen in Todesgefahren. Der wahrhaft Freigebige gibt sich, ohne auf Vergeltung zu sehen, Gott ganz dar, mit allem, was er ist, hat und vermag, zur beständigen Vermehrung des göttlichen Lobes; allen Engeln und Heiligen zum ewigen Frohlocken; allen Sündern zur Bekehrung; allen Gerechten und Vollkommenen zur Erhaltung und Befestigung in der Vollkommenheit; allen leidenden Seelen zur Milderung und Verkürzung ihrer Qualen.

4.

Falsche Freigebigkeit aber ist es, wenn man nur gibt, damit man von anderen gelobt oder nicht für schlechter angesehen, oder vom Nachschreien der Armen befreit werde; denn da geht das Almosen und das Verdienst verloren.

Ferner ist es falsche Freigebigkeit, wenn man aus Zwang oder wegen einer Gunst gibt; oder um hienieden Gnade und dort die Glorie zu erlangen, oder aus Furcht des Richters, der zu geben befiehlt, dessen Befehl nicht ungestraft übertreten würde.

---

[85] 2. Kor. 12, 15.
[86] 1. Kor. 15, 31.

XVIII. Kapitel.

Von der Wahrhaftigkeit.

I.

DIE echte Wahrhaftigkeit ist da, wo das Gemüt, die Zunge und die Werke im Einklang stehen, so daß das, was das Herz denkt auch der Mund spricht und die Tat vollzieht, nach dem Sinn des Apostels, der seine Gläubigen ermuntert: *Seid meine Nachfolger, Brüder und seht auf die* (das ist, ahmt sie nach) *die also wandeln, wie ihr uns zum Vorbild habt.*[87] Das heißt, nach der Erklärung: wie ich glaube, lehre und lebe.

2.

Derjenige ist wahrhaft, der Gott und allen Menschen die gemachten Versprechen unabänderlich hält und jedes Wort, das er einmal gesprochen hat, im Werk erfüllt; ausgenommen es wäre in manchem Fall ratsamer, eine Abänderung eintreten zu lassen, wie der heilige Isidor lehrt: „Bei ungerechten Verheißungen mußt du die Treue brechen und bei unsittlichen Gelübden deinen Entschluß abändern." So hat Gott der Herr selbst seine Entschließung geändert, wie wir sehen beim Ezechias und bei den Niniviten. Denn dem Ezechias kündete der Prophet an, daß er sterben werde; und doch hat ihm Gott seiner Tränen halber noch 15 Jahre zu leben vergönnt. Und den Niniviten ward der Untergang der Stadt binnen 40 Tagen durch den Propheten Jonas vorhergesagt, doch ließ Gott Ninive stehen wegen der demütigen Buße des Königs und des Volkes.

3.

Die Wahrheitsliebe sollen wir uns eigen machen, weil Christus die Wahrheit ist, und weil die Wahrheit in sich selbst allzeit liebenswürdig

---

[87] Philipp. 3, 17.

ist. Ist gleichwohl einigen manchmal die Wahrheit lästig und unerträglich, so ist die Schuld nicht auf Seite der Wahrheit, sondern in
dem verkehrten Willen derjenigen, die gerne ihre bösen Vorhaben
ausführen möchten, wenn sie nicht die Wahrheit zur Gegnerin hätten.
Keuschen und demütigen Seelen ist die Wahrheit liebenswürdig, weil
sie die Keuschheit und Demut empfiehlt, Unzucht aber und Stolz
verabscheut, und weil sie nur zu sehr den unkeuschen und hoffärtigen
zuwider ist, welche die Gegenpartei halten.

Wiederum, *weil die Wahrheit alles überwindet,* wie bei Esdras
versichert wird[88] und weil die Wahrheit unveränderlich ist, wie Christus der Herr selbst sagt: *Leichter ist es, daß Himmel und Erde vergehe,
als daß ein Strichlein vom Gesetz wegfalle*[89], und bei Matthäus: *Wahrlich sage ich euch: Himmel und Erden werden eher vergehen, als daß nur
ein Jota oder Strichlein vom Gesetz unerfüllt bleibe. Alles muß geschehen.*[90]

4.

Beweise von Wahrheitsliebe legt derjenige ab, der weder aus Gunst
gegen jemand, noch zum eigenen Vorteil, noch zur Rettung seines
Lebens und seiner Güter die Wahrheit verläßt, dieselbe weder verstellt,
noch bemäntelt; der weder jemals etwas Falsches redet, noch zu reden
willens ist, der auch die einmal gesprochenen Worte nicht mehr
verändert, außer bei einer notwendigen Ursache, nach dem Beispiel des
Balaam, welcher sagte: *Wenn mir Balak sein Haus voll Silber und Gold
geben wollte, so würde ich das Wort meines Herrn nicht abändern können, daß ich mehr oder weniger spreche.*[91] Ingleichen nach dem Beispiel
des Jeremias, Michäas, Daniels und anderer Propheten, die sich durch

---

[88] 3. Esdr. 3, 12.
[89] Luc. 16, 17.
[90] Matth. 5, 18.
[91] Num. 22, 18.

kein Ereignis bewegen ließen, von der Wahrheit in Worten oder Handlungen auch nur im geringsten abzuweichen.

5.

Ein Beweis von Falschheit ist es aber, wenn man etwas anderes im Munde führt, etwas anderes im Herzen trägt und wenn man aus geringer Ursache, ohne Nutzen und Notwendigkeit mit seinen Worten wechselt. Nicht nur derjenige ist ein Verräter der Wahrheit, sagt der heilige Chrysostomus, der mit Umgehung der Wahrheit offenbare Lügen redet; sondern auch derjenige, der die Wahrheit nicht aufrichtig spricht, wenn man sie offen reden soll, oder der die Wahrheit nicht in Schutz nimmt, wenn sie freimütig verteidigt werden soll. Denn gleichwie der Priester schuldig ist, die Wahrheit, die er von Gott vernommen hat, freimütig zu predigen; so ist auch der Laie schuldig, die Wahrheit, die er zwar von Priestern, aber bewährt mit den Zeugnissen der Heiligen Schrift, empfangen hat, getreu zu handhaben. Tut er es nicht, so ist er ein Verräter der Wahrheit.

XIX. Kapitel.

Von der Sanftmut.

I.

DIE wahre Sanftmut und Güte besitzt man nur dann, wenn man über empfangene Beleidigungen nicht aufbraust, und die Bitterkeit des Gemüts äußerlich nicht zu erkennen gibt, sondern wenn man sich verhält *wie ein Mensch, der nicht hört und der keine Widerrede in seinem Mund hat*[92], nach dem Beispiel unseres Herrn Jesus, von dem Jesaia sagt: *Er hat seinen Mund nicht aufgetan.*[93] *Wie ein Schaf wird er*

---

[92] Ps. 37, 75.
[93] Jes. 53, 7.

zur Schlachtbank geführt werden und wie ein Lamm unter der Hand des Scherers wird er schweigen und seinen Mund nicht auftun.

Daher sagt die Erklärung über das Evangelium des Matthäus: Der ist sanft, in dessen Gemüt keine Härte oder Bitterkeit zu finden ist, der sich aber durch die Einfalt des Glaubens zur Ertragung jeder Ungerechtigkeit vorbereitet hat. Sanft ist der, den weder ein Groll, noch Zorn ergreift, sondern der alles gleichmütig erduldet. Zum Lehrmeister dieser großen Tugend hat sich der Herr selbst hervorgetan, was er kaum getan haben würde, wenn sie nicht eine von jenen Tugenden wäre, welche das Gepräge der höchsten Vollkommenheit an sich hat. *Lernt von mir*, sagte er, *denn ich bin sanftmütig und von Herzen demütig.*[94] Der Sanfte wird nicht zornig, er schadet nicht, und will auch nicht schaden. Sanftmütig ist nur derjenige, welcher die Fehler anderer gelassen überwindet. Dies sagt die Erklärung über die Stelle Matthäus 5, 4.

2.

Zur Liebe der Sanftmut soll uns bewegen, die ihr von Christus verheißene Seligkeit: *Selig sind die Sanftmütigen, denn sie werden das Land besitzen.*[95] Worüber der heilige Augustinus schreibt: „Jenes Land (der Verheißung) vermute ich, von dem der Psalmist sagt: *Meine Hoffnung bist du, mein Anteil im Lande der Lebendigen.*[96] Und bald darauf: *Selig sind die Sanftmütigen; denn sie werden das Land besitzen, von dem sie nicht können vertrieben werden.* Von diesem Land heißt es im Psalm: *Die Sanftmütigen aber werden das Land erben und werden sich erfreuen in der Fülle des Friedens.*[97] Und Petrus sagt: Den Sanft-

---

[94] Matth. 11, 29.
[95] Matth. 5, 4.
[96] Ps. 141, 6.
[97] Ps. 36, 11.

mütigen wird (Gott) Ehre verleihen. Dies sollen daher *die Sanft-*
mütigen, hören und sich freuen.[98]

3.

Unverkennbare Zeichen der wahren Sanftmut gibt derjenige, der in
betrübten Umständen nicht murrt, der seine Beleidiger nicht entgegen
beleidigt; noch auch in seinem Angesicht eine Betrübnis blicken läßt,
sondern stets ein ruhiges Gemüt behält, damit da Gott wohnen könne.

4.

Verstellte Sanftmut ist es hingegen, wenn man zwar gelinde und
sanfte Worte in Mund führt und ein sanftes Gesicht macht; aber
heftige Erbitterung im Gemüt herumträgt.

XX. Kapitel.

Vom Glauben.

I.

DER wahre Glaube ist dieser, daß man glaube, der Vater und der
Sohn und der Heilige Geist sei nur Ein wahrer Gott und das in
diesen drei Personen nur Eine unteilbare Gottheit, eine gleiche Glorie,
eine gleich ewige Majestät sei. Jede derselben ist unerschaffen, unergründlich, ewig, höchstgut, weise, allmächtig, Gott und Herr. Nicht
die drei Personen sind unerschaffen, unergründlich, ewig, höchstgut,
höchstweise, allmächtig, noch drei Götter, noch drei Herren; sondern
es ist nur ein unerschaffener, unergründlicher, ewiger, höchstguter,
weiser, allmächtiger, einiger Gott und Herr. Und von diesen drei
Personen ist keine früher oder später, weil sie gleich ewig sind. Keine
ist kleiner oder größer, weil sie durch alles und in allem ganz gleich

---

[98] Ps. 33, 3.

sind. Doch unterscheiden sie sich in den Eigenschaften. Denn der Vater ist der Ungeborene, von niemanden abstammend. Der Sohn aber ist vom Vater erzeugt, das Licht vom Licht, der wahre Gott vom wahren Gott. Der Heilige Geist ist weder erschaffen, noch erzeugt, sondern von beiden gleich hervorgehend.

Ferner befiehlt der wahre Glaube zu glauben, daß unser Herr Jesus Christus wahrer Gott und wahrer Mensch sei, von Ewigkeit der Gottheit nach vom Vater, in der Zeit aber und der Menschheit nach geboren von einer Mutter und der Gottheit nach durchaus gleich dem Vater. Der eine Seele sich erschaffen aus dem Nichts, das Fleisch aber gestaltet hat aus dem reinsten Blut der seligsten Jungfrau Maria. Der der Gottheit nach der Leiden unfähig und unsterblich; der Menschheit nach aber der Leiden fähig und sterblich ist. Endlich, wer den wahren Glauben hat, der glaubt auch alle Artikel des Glaubens fest und ungezweifelt, welche die Gottheit und die Menschheit Jesu Christi betreffen.

2.

Eine Ermunterung zum wahren Glauben soll uns sein der Glaube der Alten, nämlich eines Abrahams, Isaaks, Jakobs, Moses und dergleichen; sogar der Heiden, wie eines Jobs, einer Rahab und anderer. Dadurch haben diese Alten alle Gott gefallen. Denn ohne Glauben ist es nicht möglich, daß man Gott gefalle, wie der Apostel sagt.[99]

Nicht weniger soll uns der doppelte Nutzen des Glaubens dazu ermuntern. Denn der wahre Glaube vermag alles und erhält alles, wie unser Herr Jesus Christus selbst versichert: *Alles ist den Gläubigen, möglich.*[100] Und *was ihr immer im Gebet begehrt, glaubt nur, daß ihres erhaltet; so werdet ihr es auch erhalten.*[101] Und: *Wahrlich, ich sage euch:*

---

[99] Hebr. 11, 6.
[100] Marc. 9, 22.
[101] Marc. 11, 24.

wer zu diesem Berge spricht: Hebe dich und stürze dich ins Meer; und er zweifelt nicht in seinem Herzen, sondern glaubt, alles was er gesagt, müsse geschehen; so wird es geschehen.[102] Wie die kaspischen Berge auf das Gebet des Alexanders in Einen zusammengefügt wurden.

3.

Der wahre Glaube erweist sich durch beständige Übung der guten Werke. Denn wie der Leib ohne den Geist tot ist, so ist auch *der Glaube ohne die Werke tot*, wie der hl. Apostel Jacobus sagt.[103]

4

Zeichen von einem falschen Glauben (Unglauben) sind, wenn man der Heiligen Schrift nicht vollkommenen Glauben schenkt, sondern dafürhält, es geschehe alles aus Zufall, oder gemäß dem Lauf der Natur, nicht durch Gottes Vorsehung. Der heilige Chrysostomus sagt: Derjenige glaubt nicht, daß ein Gott sei, der das (in Gegenwart Gottes) im geheimen tut, was er (in Gegenwart der Menschen) zu tun sich scheuen würde. So sagt auch der heilige Hieronymus: „Derjenige ist kein wahrer Christ, der sich nicht getraut, in dem Zustand zu sterben, in dem er sich zu leben getraut." Leider sind einst viele Ketzereien gewesen, von welchen Hieronymus schreibt: „Wir bekennen den freien Willen also, daß wir uns allzeit der göttlichen Hilfe bedürftig erkennen, und daß sowohl diejenigen irren, welche mit den Manichäern sagen: der Mensch könne die Sünde nicht vermeiden, als auch jene, welche mit dem Jovinian behaupten, der Mensch könne nicht sündigen; weil beides den freien Willen aufhebt. Wir aber sagen: Der Mensch könne sowohl allzeit sündigen, als auch, er könne nicht sündigen."

---

[102] Marc. II, 23.
[103] Jac. 2, 26.

XXI. Kapitel.

Von der Hoffnung.

I.

DIE wahre und vollkommene Hoffnung ist die gewisse Erwartung der künftigen Glückseligkeit, die aus der Gnade Gottes und der eigenen Mitwirkung hervorgeht. Diese beide sind notwendig zur wahren Hoffnung. Denn die Gnade Gottes wird ohne eigene Mitwirkung nicht erhalten, so wie durch eigenes Wirken ohne Gnade niemand die Seligkeit erlangt. Die Hoffnung ohne Mitwirkung ist also keine Hoffnung, sondern eine Vermessenheit.

2.

Derjenige hat eine wahre Hoffnung, welcher ungeachtet der guten Werke, die er stets ausübt, doch niemals auf seine Verdienste, sondern allein auf die unendliche Güte und Freigebigkeit Gottes vertraut: weil er nicht weiß, ob seine guten Werke Gott gefallen, indem, nach dem Ausdruck des Propheten, *alle unsere guten Werke sind wie ein beflecktes Kleid.*[104]

Wahre Hoffnung hat jener, der Gott ein gerechtes Opfer darbringt, gemäß der Ermahnung des Psalmisten: *Opfert ein Opfer der Gerechtigkeit und hofft auf den Herrn.*[105] Ein gerechtes Opfer ist unser Herr Jesus Christus, der eingeborene Sohn Gottes, der sich für die Sünden der ganzen Welt auf dem Altar des Kreuzes Gott dem Vater zum Schlachtopfer gebracht und ein größeres Lösegeld bezahlt hat, als die ganze Welt schuldig war. „Es wäre genug gewesen", sagt der heilige Ambrosius, „ein einziger Tropfen dieses so kostbaren Blutes zur Erlösung des ganzen Menschengeschlechts. Er hat es aber überflüssig vergossen, um das Übermaß seiner Liebe zu zeigen." In diesem Sühne-

---

[104] Jes. 64, 6.
[105] Ps. 4, 6.

opfer ist unsere ganze Hoffnung und unser Heil, gemäß der Äußerung des heiligen Bernhards: „Ich habe schwer gesündigt, mein Innerstes zagt, jedoch verzagt es nicht; weil ich mich an die Wunden meines Herrn erinnere. Denn er ist wegen unseren Missetaten verwundet worden. Was ist so tödlich, das nicht durch Christi Tod gerettet wird? Da also meinem Gemüt ein so mächtiges und wirksames Heilsmittel zu Hilfe kommt, so kann mich keine Bösartigkeit der Krankheit mehr erschrecken. Offenbar hat sich jener sehr geirrt, der gesprochen hat: *Meine Missetat ist größer, als daß ich noch Verzeihung verdiene.*"[106] Und bald darauf fährt der heilige Bernhard also fort: „Ich aber nehme das, was an mir mangelt, vertrauensvoll aus dem Herzen meines Herrn, aus welchem Barmherzigkeit fließt. Da mangelt es nicht an Öffnungen, durch die selbe ausfließt. Man hat seine Hände und Füße durchbohrt, man hat mit einer Lanze seine Seite geöffnet, damit mir gestattet sei, durch diese Öffnungen Honig aus dem Felsen zu saugen und Öl aus dem härtesten Stein, das ist: zu kosten und zu erfahren, wie süß der Herr sei." Und wiederum: „Ein aufschließender Schlüssel, ein durchdringender Nagel stehen mir zu Gebote, damit ich den Willen des Herrn sehe. Wie? Soll ich durch die Öffnung nicht hineinschauen? Es ruft der Nagel, es ruft die Wunde, daß in Christus Gott sei, der die Welt mit ihm aussöhnt." Ferner schreibt ebenderselbe: „Enthüllt ist das Geheimnis des Herzens durch die offene Wunden des Leibs. Jenes große Geheimnis der Güte steht offen da. Offenbar sind uns die innigen Erbarmungen unseres Gottes, durch welche uns der Aufgang aus der Höhe besucht hat. Warum soll das Innerste durch die Wunden nicht sichtbar sein? Wo anders, als in deinen Wunden erscheinet uns klarer, daß du, o Herr, süß und mild und voll Barmherzigkeit seist? Eine größere Erbarmung hat wohl niemand, als wer sein Leben hingibt für jene, die des Todes und der Verdammung schuldig sind. Die Erbarmung des Herrn ist daher allein mein Verdienst." So weit

---

[106] Genes. 4, 13.

der heilige Bernhard. – Die Barmherzigkeit Gottes hat sich auf mancherlei Weise geoffenbart; denn er hat gefastet, gewacht, gebetet, er hat Schweiß und Tränen vergossen, er wurde ermüdet, gegeißelt, er hat gelitten, er ward gekreuzigt, damit wir an ihm einen Ersatz für alle unsere Mängel haben.

3.

Zur wahren Hoffnung soll uns ermuntern die unbeschreibliche Liebe unseres Herrn Jesu Christi, die ihn bewog unser Heil mit so vieler Bitterkeit zu verdienen. Und, damit uns dieses erworbene Heil nicht verlorengehe, die sorgfältige Vorsicht und Verfügung, daß wir die Engel zu Schützern, die Heilige Schrift zum Unterricht, seine und die Beispiele der Heiligen zu Wegweisern, sein Fleisch und Blut zur Stärkung haben.

4.

Die Pflicht der wahren Hoffnung ist diese, dem Bösen standhaft widerstehen, das Gute starkmütig üben, beschwerliche Dinge mit Entschlossenheit angreifen und mit unbesiegter Ausdauer vollenden, gemäß der Ermahnung des Psalmisten: *Handelt männlich und ermutigt euer Herz, ihr alle, die ihr auf den Herrn vertraut.*[107]

5.

Ein Zeichen falscher Hoffnung verrät derjenige, der die Gebote Gottes und seine Gelübde übertritt, dem es nicht darum zu tun ist, sein Leben zu bessern, wie es die göttliche Schrift vorschreibt, sondern ohne alle Verdienste vermessen auf die Güte Gottes baut. Eine solche Hoffnung ist eitel, wie sich der Heilige Geist im Buch der Weisheit ausspricht: *Die Hoffnung des Gottlosen ist wie die verblühte Distelblume, die der Wind hinwegträgt und wie ein Schaum, der vom Sturm*

---

[107] Ps. 30, 23.

zerstreut wird; und wie ein Rauch, den der Wind fortweht und wie das Gedächtnis eines Gastes von einem Tag, der vorüberreist.[108]

XXII. Kapitel.

Von der Furcht.

I.

DIE wahre Furcht ist eine im Glauben und in Sitten sich erweisende, sorgfältige Beobachtung der göttlichen Gebote. Sie ist rechter Art, wenn in dem Herzen des Menschen eine Sorgfalt entsteht, die ihn vor unerlaubtem Gebrauch seiner leiblichen Glieder, seiner äußeren Sinne und inneren Neigungen abhält, damit die Seele nicht etwa gänzlich von Gott getrennt, oder doch von seinem vertraulichen Umgang auch nur ein wenig entfernt werde; sie verhütet auch, daß das Gemüt nicht im Genuß von Speisen und Trank, noch des Schlafes, noch in irgendeinem Geschöpf seine Ergötzung suche und so in der Liebe erkalte. Eine solche Sorgfalt hat eine Braut in Rücksicht auf ihren geliebten Bräutigam, damit sie ihn ja nicht durch irgendeine Gebärde, einen Schritt, ein Wort oder Werk beleidige und sein Mißfallen sich zuziehe, oder ihm weniger gefalle aus ihrer Schuld, sollte sie auch die mindeste sein. Die wahre Furcht bringt den Menschen dahin, sich nicht nur vor schweren, sondern auch vor geringen Sünden zu enthalten. Denn durch vielfältige läßliche Sünden geht die Gewissenhaftigkeit und die Vertraulichkeit mit Gott verloren und die Gnade wird auf mancherlei Weise unbenützt gelassen.

2.

Zur wahren Furcht soll uns der mächtigste Antrieb sein der vielfache Nutzen derselben. Denn sie ist der Anfang der Weisheit, wie der

---

[108] Weish. 5, 15.

Psalmist sagt: *Der Anfang der Weisheit ist die Furcht des Herrn.*[109] Und auch der Anfang der Gerechtigkeit, gemäß jenem Ausspruch: *Wer ohne Furcht Gottes ist, kann nicht gerechtfertigt werden.*[110] Ferner ist sie das Siegel und die Vollendung aller Tugenden und Gnaden; denn es steht geschrieben: *Die Furcht Gottes setzt sich über alle Dinge.*[111] Wo aber die Furcht Gottes mangelt, da wird die Gnade plötzlich weichen und die Gewissenhaftigkeit ist dahin, wie die Schrift sagt: Wirst du dich nicht beständig in der Furcht des Herrn erhalten, so wird dein Haus bald umgekehrt werden.[112]

Einen anderen Nutzen der Furcht Gottes zeigt uns der heilige Bernhard: „Ich habe es in Wahrheit erfahren", schreibt er, „daß nichts so wirksam sei, die Gnade zu erwerben, zu bewahren und wiederzuerlangen, als wenn man sich vor Gott jederzeit so verhält, daß man seinen Sinn nicht erhebe, sondern sich fürchte. *Selig ist der Mensch, der allzeit furchtsam ist.*[113] Fürchte dich also, wenn du die Tröstungen der Gnade genießt, fürchte dich, wenn die Gnade dich verläßt; fürchte dich, wenn sie wieder zurückkehrt, das heißt: Sei allzeit furchtsam." Bald darauf schreibt er: „Fürchte dich, wenn du die Gnade hast, mit ihr nicht tätig genug mitzuwirken." Und wieder: „Ist dir die Gnade entzogen, fürchte dich; denn du wirst bald fallen." Und nach einem Zwischensatz schreibt er: „Hast du dich wieder um die Gnade beworben und ist sie zurückgekehrt, so hast du noch mehr zu fürchten, daß du nicht wieder rückfällig wirst, gemäß jenem, was wir im Evangelium lesen: *Siehe, jetzt bist du gesund worden; gehe hin und sündige nicht mehr, damit dir nicht was noch schlimmeres begegne.*"[114]

---

[109] Ps. 110, 10.
[110] Jes. Sir. 1, 28.
[111] Jes. Sir. 25, 14.
[112] Jes. Sir. 27, 4.
[113] Sprichw. 28, 14.
[114] Joh. 5, 14.

Ein Antrieb zur Furcht Gottes soll uns auch sein der traurige Fall der Engel, wovon Job sagt: *Siehe, die ihm dienen, sind nicht beständig und in seinen Engeln fand er Bosheit. Um wieviel mehr werden jene, welche in Hütten von Lehm wohnen, und einen irdischen Grund haben, wie von Motten verzehrt werden.*[115] Ferner der Fall heiliger Männer von Anbeginn der Welt an, wie des Adams, Samsons, Salomons und aller Apostel. Leider hat man auch heutzutage noch den Fall heiliger Männer zu bedauern, wie nämlich die Schrift sagt: 1.000 *werden von deiner Seite fallen,* (das ist: Welche in dem Gericht dem Richter zur Seite sitzen sollten) *und* 10.000 *von deiner Rechten.*[116] (das ist, die zur rechten Hand Christi zu sitzen bestimmt wären.) Daher sagt die Erklärung hierüber: „Es gibt viele, die vermeinen, sie werden einst als Richter erscheinen dürfen; und noch mehrere gibt es, die sich schmeicheln, daß sie zur rechten Seite unter den Gerechten werden zu stehen kommen, die sich aber betrogen finden werden; weil sie zu viel auf sich selbst halten und vertrauen, sind sie nicht tief gewurzelt und fallen so mit ihren Einbildungen.“

Auch die Beispiele der Heiligen, welche Gott fürchteten, sollen uns zur Furcht Gottes ermuntern. So spricht Job von sich selbst: *Ich habe Gott allzeit gefürchtet, als wenn aufgetriebene Wellen über mir wären.*[117] Und über jene Worte Jobs: *In den tiefsten Abgrund wird all das Meinige hinabfahren*[118], sagt die Erklärung: „Erwägt, wer von uns kann der Ruhe versichert sein, nachdem deshalb derjenige zittert, der doch vom Richter gelobt wird.“ Der heilige Hieronymus macht von sich selbst das Geständnis: „So oft ich an den letzten Gerichtstag denke, so oft zittere ich am ganzen Leib.“ Was sollen also wir elenden Menschen tun, wenn so große Männer zittern?

---

[115] Job. 4, 18, 19.
[116] Ps. 90, 7.
[117] Job. 31, 23.
[118] Job. 17, 16.

3.

Von wahrer Furcht ist derjenige durchdrungen, der die größte Sorgfalt auf alles verwendet, was Gott angeht, daß er nirgends und zu keiner Zeit etwas von dem versäume, was ihm zu leisten möglich ist; ja daß er nach Kräften alles mit möglichstem Eifer entrichte. Darum heißt es beim weisen Mann: *Wer Gott fürchtet, vernachlässigt nichts.*[119] Und beim Sirach: *Wer Gott fürchtet, wird Gutes tun.*[120]

4.

Ungerecht ist aber die Furcht desjenigen, der nicht wegen Gott, sondern um keinen Nachteil weder an seinem Leib, noch an seinen Gütern zu leiden, das Gute tut und das Böse meidet; oder Böses tut und das Gute unterläßt. Eine solche Furcht hat uns Gott verboten mit folgenden Worten: *Fürchtet jene nicht, die den Leib töten.*[121] Und Jesaia sagt: *Wer bist du, daß du Furcht hast vor einem sterblichen Menschen?*[122] Zu solchen spricht Gott: *Wo sind ihre Götter, auf die sie ihr Vertrauen hatten.*[123]

XXIII. Kapitel.

Von der Fröhlichkeit.

I.

DIE wahre Fröhlichkeit oder Freude besteht in dem Gefühl des Trostes an dem, was Gott angeht. Denn der Gegenstand aller Freude ist in Gott, nämlich seine Macht, Weisheit, Güte, Freigebigkeit, Schönheit, Glückseligkeit, Barmherzigkeit, Gerechtigkeit, Wahr-

---

[119] Jes. Sir. 7, 19.
[120] Jes. Sir. 51, 1.
[121] Matth. 10, 28.
[122] Jes. 51, 12.
[123] Deut. 32, 37.

heit, Hoheit, Heiligkeit, Sanftmut, Treue, Liebe, Demut und andere ähnliche Eigenschaften. Und diese alle sind in Gott unermeßlich und ewig.

2.

Jener genießt wahre Freude, der in allen seinen Handlungen ein reines Gewissen hat und niemals wissentlich die göttlichen Gebote und Gelübde übertritt; sondern immerdar strebt, besser zu werden, den Beispielen Jesu Christi zu folgen und sich nach seiner Lebensweise zu bilden. Eines solchen Gewissens erfreute und rühmte sich der Apostel, da er schrieb: *Dies ist unser Ruhm, das Zeugnis unseres Gewissens, daß wir in Einfalt des Herzens und in Lauterkeit vor Gott, nicht in fleischlicher Weisheit, sondern in der Gnade Gottes in dieser Welt gewandelt sind und dies vorzüglich bei euch.*[124]

3.

Zur wahren Freude soll uns bewegen, weil der über alles gute Gott sich unter allen Geschöpfen nur mit den Menschen allein vereinigt hat und zwar so, daß man mit Wahrheit sagen könne, Gott sei Mensch und der Mensch sei Gott. Und was Gott vermöge seiner Natur hat, das hat der Mensch durch die Gnade. *Denn nicht der Engel hat Gott sich angenommen; sondern der Nachkommen Abrahams hat er sich angenommen,* wie der Apostel sagt.[125] Und Chrysostomus schreibt: „Ist es nichts Großes und Wunderbares, daß unser Fleisch oben sitze und von den Engeln und Erzengeln angebetet werde."

Zur heiligen Freude soll uns auch ermuntern, daß uns Gott die ewige Glückseligkeit zugesichert hat und zwar mit den Verheißungen des Gesetzes und der Propheten und mit einem Eid, wie wir lesen: *Den Eid, den er geschworen hat unserem Vater Abraham, daß er sie uns*

---

[124] 2. Kor. 1, 12.
[125] Hebr. 2, 16.

geben wolle[126]; durch die Aussprüche der vier Evangelisten, durch das Zeugnis der Apostel, durch das Unterpfand des Heiligen Geistes in der Taufe, der eine Versicherung unserer Erbschaft ist, durch Vorgenuß, d. h. durch die seligen Gefühle der Andacht und der Süße Gottes, durch den Bürgen, der Christus, der eingeborene Sohn Gottes ist. Zu dieser doppelten Freude ermuntert uns der Apostel mit den Worten: *Erfreut euch allzeit im Herrn;* (nämlich wegen der Vereinigung mit Gott) *ich sage es euch nochmal: Erfreut euch* (nämlich wegen der Versicherung der ewigen Glückseligkeit.)[127]

4.

Den sichersten Genuß der wahren Freude hat jener, der durch eine innerliche Eingebung versichert ist von der Vergebung aller seiner Sünden, womit er Gott und alle Geschöpfe schwer beleidigt und den Verlust aller erhaltenen und künftigen Gnaden verschuldet hat. Diese Gewißheit hatte Maria Magdalena, in dem der Herr zu ihr sagte: *Ihr sind viele Sünden vergeben, weil sie viel geliebt hat.*[128] Und der heilige Franziskus, von dem erzählt wird, es sei ihm die Nachlassung des letzten Hellers seiner Vergehungen geoffenbart worden.

Diesen Genuß der wahren Freude fühlt auch jener, dem sein Gemüt die Versicherung gibt, daß er ein Kind Gottes und Erbe des himmlischen Reiches sei. Diese Versicherung gibt der Heilige Geist, wie der Apostel sagt: *Derselbe Geist gibt unserem Geiste Zeugnis, daß wir Kinder Gottes sind. Sind wir aber Kinder, so sind wir auch Erben und zwar Erben Gottes und Miterben Christi.*[129] Dieser Gewißheit hatte sich der Apostel zu erfreuen, weil er schrieb: *Ich bin versichert,*

---

[126] Luc. 1, 13.
[127] Philip. 4, 4.
[128] Luc 7, 47.
[129] Röm. 8, 16, 17.

daß weder Tod noch Leben . . . noch irgendein Geschöpf uns zu trennen vermag von der Liebe Gottes.[130]

5.

Hingegen ist es das Merkmal einer falschen Freude, wenn man sein Vergnügen an vergänglichen Dingen hat, dieselben mögen zeitliche Güter oder sinnliche Freundschaften oder körperliche Bequemlichkeiten oder sonst irdische Ergötzungen sein. Denn da sie vergehen, vergeht auch mit ihnen die Freude, und Traurigkeit nimmt ihren Platz ein. So lange eine solche Traurigkeit das Herz einnimmt, ist dasselbe für die wahre Freude nicht empfänglich; weil sie so wenig nebeneinander sein können, als Feuer und Wasser, die einander verdrängen.

Zuweilen hat der Mensch auch eine natürliche Freude; wenn er nämlich denkt, oder redet, oder reden hört, oder liest von der Vollkommenheit Gottes, oder wenn er in sich ein Verlangen fühlt nach dem Himmel. Denn das Verlangen nach der Glückseligkeit ist ja jedem Menschen natürlich. Diese Freude ist gleichfalls nur eitel und ist hart zu erkennen, ob sie von der Gnade und von Gott kommt, oder ob sie bloß natürlich ist. Selig wäre jener, der mit dem Propheten sagen könnte: *Frohlockend will ich mich erfreuen im Herrn* (meinem Erschaffer) *und meine Seele wird frohlocken in meinem Gott* (dem Erlöser); *weil er mich angetan hat mit den Kleidern des Heils.*[131]

---

[130] Röm. 8, 38, 39.
[131] Jes. 61, 10.

XXIV. Kapitel.

Von der Traurigkeit.

I.

DIE Traurigkeit als Tugend ist ein Schmerz des Gemütes wegen allen Beleidigungen, die der langmütige Gott unverschuldet erduldet hat von seinen Geschöpfen, seit dem die Welt steht und noch erdulden wird bis zum Ende der Zeiten von geistlichen und weltlichen Personen. Dieser Schmerz sollte den Augen gottliebender Menschen unzählbare, blutige Tränen entlocken. Noch eine andere Quelle der Traurigkeit ist, daß der Mensch oft in den Versuchungen ohne Widerstand überwunden wird. Denn wenn er etwas sieht, oder hört bei dem Geflügel, oder kriechenden Tieren, was an unreine Sachen erinnert, so wird das Gemüt alsobald mit unreinen Gedanken, oder Begierden und Neigungen befleckt. Empfängt aber die Seele mittelst der fünf Sinne solche Eindrücke, welche sie vermögen können zur eitlen Ehre, zum Neid, zum Zorn, zum Zank, zur Verleumdung, zum Geiz, zur Leichtfertigkeit, zur sinnlichen Freundschaft, oder zu irgendeiner Sünde, so wird sie bald in eine derselben fallen, ungewiß, ob sie von einem solchen Fall wieder aufstehe. Und wenn sie auch mit Gottes Hilfe wieder aufsteht, so ist doch ein Zweifel, ob sie die Gnade wieder erhält und in dem Maß erhält, wie sie selbe zuvor hatte. Denn der Mensch kann aus sich selbst fallen, aus sich selbst kann er aber nicht aufstehen: *Weil er Fleisch ist, ein Geist, der vorübergeht und nicht wiederkommt.*[132]

Noch eine andere Quelle der echten Traurigkeit ist, daß so manche Gnade, die aus dem Brunnen der göttlichen Güte quillt, für den Menschen verlorengeht, weil sie ohne reichliche Frucht, die Gott bezweckt hatte, zur Urquelle zurückkehrt. Ein Umstand, den alle Geschöpfe nicht genug beweinen können.

---

[132] Ps. 77, 39.

2.

Zur echten Traurigkeit soll uns bewegen das heiligste Beispiel des Lebens Jesu Christi, dessen Seele vom Anfang seines Lebens betrübt war bis zum Tod, der auch die Traurigen selig nannte, indem er sagte: *Selig sind die Trauernden; denn sie werden getröstet werden*[133]; weil nur auf dem Weg der Traurigkeit die Freude gefunden werden kann, wie die Erklärung über den Brief des heiligen Jacobus sagt. Selbst der Nutzen, der aus der rechten Traurigkeit entspringt, soll uns dazu vermögen. Denn nützlicher ist die echte Traurigkeit, als die wahre Freude, nach dem Ausspruch der Schrift: *Es ist besser, in ein Haus gehen, wo man trauert, als in ein Haus, wo ein Gastmahl gehalten wird.*[134] Denn gar oft wird mancher durch die Traurigkeit gedemütigt; durch die Freude aber hochmütig. Und was noch mehr zu bedauern ist, es wird oft eine geistreiche Person auf die Freude und die süßesten Gefühle der Andacht an selbem Tag freier und unbehutsamer in ihren Handlungen, als wenn sie keine Freude genösse. Noch ein anderer Nutzen der echten Traurigkeit ist dieser: Nachdem Gott, wie der heilige Bernhard sagt, durch das Gebet und durch die übrigen guten Werke besänftigt und gewogen gemacht wird, so wird er durch die Tränen (die aus Traurigkeit fließen) gleichsam genötigt.

3.

Einen Beweis echter Traurigkeit liefert jener, dessen Gemüt durch den Schmerz nicht niedergeschlagen, sondern belebt wird, daß es nicht Befreiung, sondern vielmehr Vermehrung der Traurigkeit verlangt und wünscht. Eine Traurigkeit hingegen, die das Gemüt mutlos macht und wovon man sogleich befreit zu werden trachtet, ist eine sündhafte Traurigkeit. Eine solche bezeichnet die Schrift mit dem Ausdruck:

---

[133] Matth. 5, 5.
[134] Jes. Sir. 7, 3.

Ein trauriger Geist macht die Gebeine verdorren[135]; nämlich der Tugenden. Und der Apostel Jacobus schreibt: *Der* (von Traurigkeit
herrührende) *Zorn des Menschen tut das nicht, was vor Gott recht ist.*[136]
Echte Traurigkeit beurkundet derjenige, der seine Sinne bewahrt vor
allem, was denselben schmeichelt, er gestattet den Augen, dem Gehör,
dem Geschmack, dem Geruch, dem Gefühl nichts, wodurch seine
Traurigkeit gemildert werden könnte. Er flieht jeden Ort und solche
Menschen, durch deren Umgang die zerknirschte Stimmung seines
Herzens könnte vermindert werden. Denn er ist überzeugt, daß es der
sicherste Weg sei, in der echten Traurigkeit sein Leben zu enden,
gemäß jenem Ausspruch: *Ein Herz der Weisen ist es, wo Traurigkeit
ist; und ein Herz der Toren ist es, wo die Freude ist.*[137] Wahre Freude ist
aber nicht ohne sehnsuchtsvolle Wehmut, so wie wahre Trauer nicht,
ohne Geistestrost.

4.

Eine unechte Traurigkeit beweist derjenige, der ohne die weisesten
Anordnungen Gottes zu betrachten, sich gekränkt fühlt durch den
Verlust zeitlicher Güter; oder wegen der Betrübnis oder dem Hintritt
seiner Freunde; oder wegen einer leiblichen Krankheit; oder wegen
einer Bestrafung. Eine solche Traurigkeit erwirbt dem Herzen keine
Gnade, sondern peinigt vielmehr dasselbe, nach dem Zeugnis der
Schrift: *Wie die Motte das Kleid und der Wurm das Holz, so beschädigt
die Traurigkeit das Herz des Menschen.*[138] Und anderswo: *Durch die
Traurigkeit des Gemüts wird der Geist niedergeschlagen.*[139]

---

[135] Sprichw. 17, 22.
[136] Jac. 1, 20.
[137] Jes. Sir. 7, 5.
[138] Sprichw. 25, 20.
[139] Sprichw. 15, 13.

XXV. Kapitel.

Von der Dankbarkeit.

1.

WENN die Dankbarkeit eine wahre, vollkommene Tugend sein soll, so muß sie die Vorzüge der Gaben Gottes in der Seele anerkennen und mit schuldiger Ehrerbietigkeit des Herzens und mit Vernichtung seiner selbst preisen. So hat David die Gabe der Gebote Gottes angepriesen mit den Worten: *Deine Gebote waren mir lieber als Gold und Edelgestein.*[140] Und Salomon pries die Gabe der Weisheit also: *Die Weisheit ist besser als alle, auch die kostbarsten Schätze, und alles, was man wünschen mag, ist damit nicht zu vergleichen.*[141]

2.

Jener ist wahrhaft dankbar, der sich aller Gaben Gottes unwürdig hält. Und je mehr er sich der Wohltaten Gottes unwürdig hält und fühlt, desto mehr wächst die Dankbarkeit des Gemütes. Der heilige Chrysostomus ruft aus: „Für alles, was du uns gegeben hast, o Herr Jesus Christus, begehrst du nichts von uns, als daß wir selig werden und auch das ist deine Gabe und du dankst denen, die sie annehmen!"

3.

Zur wahren vollkommenen Dankbarkeit soll uns reizen die Betrachtung des Gebers, der der allmächtige, höchste, liebenswürdigste, getreueste, beste, seligste und vollkommenste ist.

Dann die Größe der Gaben. Denn es ist keine leibliche oder geistliche Gabe, welche von Gott kommt, so klein, daß nicht in selber der unermeßliche Gott mit all seiner göttlichen Kraft eingeschlossen sei.

---

[140] Ps. 118, 127.
[141] Sprichw. 8, 11.

Auch ist zu erwägen die Willensmeinung des Gebers. Denn er gibt sich uns nicht halb oder mit Unwillen, um unser loszuwerden; sondern mit vollkommenem Verlangen, aus seiner ganzen Liebe und Güte.

Nicht weniger soll man ermessen den Nutzen seiner Gaben. Denn alle und jede teilt er uns mit, damit wir ihn erkennen, genießen und glückselig werden sollen.

Wiederum soll man bedenken, was ihn zum Geben bewegt. Nicht die Furcht vor einem Übel, oder die Hoffnung eines Gewinns; nicht unsere Tugend; sondern seine ewige, unermeßliche Güte.

Auch ist in Betracht zu nehmen unsere Unwürdigkeit, da wir nicht einmal des Lebens würdig sind, noch Würmer zu sein unter den übrigen Geschöpfen.

Weiter soll uns der Nutzen der Dankbarkeit, dankbar zu sein antreiben. Denn sie eröffnet die Quelle der Wohltätigkeit und bewegt Gott, daß er sie fließen lasse; gleichwie die Undankbarkeit diese Quelle der göttlichen Güte, den Tau der Barmherzigkeit und die Ausflüsse der Gnade vertrocknen macht. Denn je größer die Dankbarkeit in einer Seele ist, desto empfänglicher ist sie zur Erwerbung der Gnade und desto mehr wird der freigebigste Gott zur Freigebigkeit vermocht.

4.

Derjenige beweist wahre Dankbarkeit, der nach Erwägung des Obgesagten, für alle und jede, große und kleine Gaben von ganzem Herzen dankt und die mit Ehrfurcht empfangenen und von dem liebevollsten Herrn erhaltenen Gnaden nach allen Kräften unversehrt zu bewahren strebt. Denn wie kann das Geschenk eines Freundes angenehm gewesen sein, das man ohne Dank angenommen hat oder sogleich frei verunstaltet und verliert? Wir müssen nicht nur dankbar sein für das, was zu unserem Trost gereicht, sondern auch für das, was uns betrübt. Denn aus der nämlichen Güte und Liebe erteilt uns Gott beides. Darum betete Tobias also: *Ich preise dich, o Herr, Gott Israels;*

denn du hast mich gezüchtigt und du hast mich gerettet.[142] Denn zur schon erhaltenen Gnade in diesem Leben und zur Hoffnung der künftigen Herrlichkeit gibt Gott den Menschen die Süßigkeit der Andacht und läßt auch zu, daß die Bitterkeit der Trübsale über sie komme; und zwar zum größeren Nutzen für sie, wie dies beim Job geschah, welcher sagte: *Haben wir das Gute von der Hand des Herrn empfangen, warum sollen wir nicht auch das Üble annehmen?*[143] Als wollte er sagen: Beides müssen wir dankbar annehmen.

5.

Offenbare Undankbarkeit ist es, wenn man sein Herz durch einen bösen Willen verhärtet, entweder durch einen Groll oder Leichtsinnigkeit; oder zeitliche Ergötzungen; oder sinnliche Liebe, daß man unfähig wird, geistliche Gaben zu empfangen; oder sorglos ist, die empfangenen zu bewahren und zu vermehren; oder daß man sich nicht bestrebt, dieselben nach Gottes Anordnung zum gemeinen Besten zu verwenden, oder wenn man mit den empfangenen Leibes- und Geistesgaben gegen Gott selbst zu kämpfen nicht aufhört, wie es leider, so manchmal geschieht. Dann verdient ein solcher alles zu verlieren, weil er von denselben gegen seinen Wohltäter Gebrauch macht.

XXVI. Kapitel.

Von dem Seeleneifer.

I.

DER Seeleneifer ist dann wahrhaft und vollkommen, wenn jemand durch heilige Betrachtungen und eifrige Begierden, durch Tränen, Wachen, Beten, Fasten, Predigen, Beichthören, durch Ratge-

---

[142] Tob. 11, 17.
[143] Job. 2, 10.

bung, Belehrungen und andere gute Werke für das Heil der Seelen bemüht ist. Wie wichtig diese Gnade ist, beschreibt Beda also: „Kann es eine erhabenere Gnade geben, kann eine Lebensweise Gott angenehmer sein, als derjenigen, die sich beeifern, durch tägliche Bemühungen andere zur Gnade ihres Schöpfers zurückzubringen und durch vielfältige Gewinnung gläubiger Seelen die Freude des himmlischen Vaterlands stets zu vermehren?" Und der heilige Gregorius schreibt: „Dem allmächtigen Gott ist keine Aufopferung so angenehm wie der Eifer für das Heil der Seelen. Und dies wegen dem der Seele eingeprägten Bild der Dreieinigkeit."

2.

Zum Seeleneifer soll uns antreiben das Beispiel unseres Herrn Jesu Christi, der in seinem Leben nach der Bekehrung der Sünder und der Vervollkommnung der Frommen ein so heftiges Verlangen trug, daß er zur Einlösung der verkauften Seelen an jedem seiner Glieder eine besondere Strafe litt und endlich sein Leben zum schmählichsten Tode darbot. Nach dem Zeugnis des heiligen Bernhards war ihm das Werk der menschlichen Erlösung so angelegen, daß er auf sein Lösegeld nicht achtete, indem er im Gewinn sich verrechnete. O welch ein großer Wert ist an den Seelen und wie sehr eifert Gott für die Seelen, für deren Erlösung der Sohn Gottes all sein Blut dem himmlischen Vater aufopferte; da doch ein einziger Tropfen dieses kostbaren Blutes hinlänglich gewesen wäre, zur Erlösung des ganzen menschlichen Geschlechtes, wie der heilige Ambrosius sagt und hauptsächlich; da ihm seine Glückseligkeit dadurch weder vermehrt, noch vermindert wurde. Diesen Wert der Seelen erkannte die göttliche Weisheit, welchen wir nicht einsehen. Dies bedauert der heilige Bernhard mit diesen Worten: „Ach, daß wir auf die Vortrefflichkeit der Seele so wenig aufmerksam sind, deren Dasein dem Leib das Leben gibt, derer Abwesenheit beweist, was sie dem Leib war, welche Gott so hoch schätzte, daß er seinen eingeborenen Sohn für sie gab, auf welche der böse Feind einen so großen Wert legte, daß er für sie die ganze Welt anbot."

3.

Wahren Seeleneifer beweist derjenige, der weder sein eigenes Leben, noch seinen Körper verschont, damit er für Christus viele Seelen gewinne. Einen solchen Eifer hatte David, da er aufrief: *Wer gibt mir, daß ich für dich sterbe, Absalom mein Sohn, mein Sohn Absalom!*[144] Von einem solchen Eifer war auch beseelt der Apostel, indem er schrieb: *Mit Freuden will ich Aufopferungen machen, ja mich selbst aufopfern für eure Seelen.*[145] Und wiederum: *Täglich sterbe ich wegen eurem Ruhm, meine Brüder!*[146] das ist: Stehe ich Todesgefahren aus. Auch der heilige Dominikus war von einem solchen Eifer durchglüht, da er sich einst für einen Gefangenen bei den Sarazenen verkaufen wollte, und ein anderes Mal für einen, der sich der Nahrung wegen bei den Ketzern aufhielt; Gott ließ es aber nicht zu, daß Dominikus, der zum Heil vieler Seelen bestimmt war, in die Gefangenschaft geriet.

4.

Ein falscher Seeleneifer ist hingegen bei jenen, die bei ihren geistlichen Dienstleistungen mehr bedacht sind auf Geschenke, als für die Seelen. Ein solcher ist schlimmer als der Teufel, der im König von Sodom vorgebildet wird, welcher zum Abraham gesprochen hat: *Gib mir die Seelen, das übrige nimm für dich*[147], und dem es mehr zu tun ist um die Freundschaft und Gunst der Menschen, als um die Heiligung und Vervollkommnung derselben. So einer kann mit dem Apostel

---

[144] 2. Kön. 18, 33.
[145] 2. Kor. 12, 15.
[146] 1. Kor. 15, 31.
[147] Gen. 14, 21.

nicht sagen: *Ich suche nicht das eurige, sondern euch.*[148] Hier ist zu merken, wenn zweierlei Beweggründe zu irgendeinem Werk zusammen-
treffen, daß es hart sei, zu unterscheiden, welcher vorwiege, zum Beispiel: Ein Priester fühlt sich bewogen zum Beichthören oder zu einer
anderen geistlichen Dienstleistung in der Seelsorge entweder durch die
Hoffnung eines Gewinns, oder durch Gunst oder durch Gefallsucht,
oder durch Freiheitsliebe, oder durch irgendeinen (wenn auch
geistlichen) Trost. Hier ist nicht leicht zu unterscheiden, welcher von
diesen der Hauptbeweggrund des geistlichen Arbeiters sei. Jedoch ist es
ein augenscheinliches Zeichen, daß ein solcher durch einen der obigen
Beweggründe mehr geleitet werde, als von Gott und vom Heil der
Seelen, welcher die reichen, adligen, jungen und wohlgestalteten Personen lieber beichthört, als arme, unansehnliche, alte und mißgestal-
tete; und wenn er sich mit jenen lieber, öfter und länger aufhält, als
mit diesen und vielleicht mit viel geringerer Frucht, da doch diese
zartere Gewissen haben, als jene, viel folgsamer sind den heilsamen
Ratschlägen; mehr beflissen sind nach der christlichen Vollkommenheit zu streben und Gott angenehmer sind, als jene, gemäß den Worten
des Apostels Jacobus: *Hat nicht Gott die Armen dieser Welt auserwählt, daß sie reich an Glauben und Erben des Reiches würden, welches
er denen verheißen hat, die ihn lieben. Ihr aber behandelt die Armen
verächtlich.*[149] Da ihr nämlich selbe nicht achtet. Und doch wird
Christus in ihnen vorzüglich geehrt, wie es in einer Homilie heißt über
jenen Text: Ehrt alle. Ingleichen kann man augenscheinlich erkennen,
von welchem Seeleneifer man geleitet werde, wenn man in seinen
Verrichtungen mehr Gott, als sich selbst sucht. Denn zu jenen
Verrichtungen, welche zwar mit Mühe, aber auch mit einigem Trost
und Vergnügen verbunden sind, als da sind das Predigen, Beichthören,
das Amt eines Vorgesetzten und dergleichen, ist man bereitwilliger,

---

[148] 2. Kor. 12, 14.
[149] Jac. 2, 5, 6.

(89)

obschon diese Geschäfte ihre Gefahren haben. Hingegen von jenen Verrichtungen, die nur Mühe aber kein Vergnügen gewähren, obgleich sie mit keiner Gefahr verbunden sind, wie das Fasten, Wachen, die Züchtigung des Leibs und dergleichen, entzieht man sich gerne, so viel man kann.

XXVII. Kapitel.

Von der Freiheit.

I.

UNTER der wahren Freiheit versteht man das Ungebunden sein von den Fesseln der Sünde, welche wahrhaft gefangenhalten, nach jenem Ausdruck der Schrift: *Der Gottlose wird von seiner Ungerechtigkeit gefangen und mit den Stricken seiner Sünden gebunden.*[150] Sie machen ihn zum Sklaven, nach jenen Worten des Evangeliums: *Jeder, der Sünde tut, ist ein Knecht der Sünde.*[151] Denn „Sündigen ist keine Freiheit, noch ein Teil von Freiheit", wie der heilige Anselm sagt, „sondern die schlimmste Gattung der Knechtschaft." Von dieser Gattung der Knechtschaft wird niemand befreit, als allein durch Hilfe des Sohnes Gottes, nach dessen eigenem Zeugnis: *Wenn euch der Sohn frei macht, dann werdet ihr wahrhaft frei sein.*[152]

2.

Wahre Freiheit besitzt der, welcher nicht befangen ist von der Habsucht, noch vom Lob oder von der Gunst der Menschen; weder von eitlem Selbstgefallen, noch von der Furcht anderen zu mißfallen; weder von sinnlicher Liebe, noch durch knechtische Furcht oder durch das Vergnügen einer vorübergehenden Freude.

---

[150] Sprichw. 5, 22.
[151] Joh. 8, 34.
[152] Joh. 8, 36.

3.

Zur Erwerbung dieser Freiheit soll uns antreiben die Betrachtung der göttlichen Anordnung, welche den Menschen frei haben will. Deswegen hat Gott dem Menschen einen freien Willen gegeben und hierin ihn sich vorzüglich ähnlich gemacht, daß er von niemand könne gezwungen werden, wie Gott selbst von niemand gezwungen werden kann. Diesen freien Willen hat Gott dem Menschen gegeben, wie der weise Sirach sagt: *Von Anbeginn hat Gott den Menschen erschaffen und hat ihn in der Hand seiner eigenen Ratschläge gelassen.*[153] Und gleich darauf spricht er: *Er hat ihm Wasser und Feuer vorgelegt, strecke deine Hand aus, nach welchem du willst. Vor dem Menschen ist Leben und Tod, Gutes und Böses. Was ihm gefällt, wird ihm gegeben werden.*[154]

Zum Besitz der wahren Freiheit gelangt ungezweifelt derjenige, der sich zur unverbrüchlichen Beobachtung der Gebote Gottes, der evangelischen Räte und seiner Gelübde verbindet, der sein Herz und seine Sinne vor aller Wollust bewahrt, der seinen Gliedern nichts Unerlaubtes gestattet, der das Joch des Gehorsams aufrichtig liebt, der nach allen Kräften Gott zu gefallen sucht. Je angelegener und ernstlicher der Mensch nach diesen strebt, desto geschwinder wird er zum Genuß der wahren Freiheit gelangen und desto fester darin gegründet werden. Wer aber in allen Stücken ungebunden seiner Willkür folgt, so viel er kann, der wird in verschiedene Stricke des Teufels sich verwickeln und während er meint, recht frei zu sein, wird er in der Knechtschaft und Gefangenschaft des Teufels desto enger und gewisser gehalten.

4.

Merkmale wahrer Freiheit hat nur der an sich, der nichts von allem dem verlangt, was das Gemüt von dem vertrauten Umgang mit Gott abwendig machen, oder entfernen könnte. Dergleichen sind der Vor-

---

[153] Jes. Sir. 15, 14.
[154] Jes. Sir. 15, 17, 18.

rang, die öftere Beschäftigung mit auswärtigen Sachen, die zu viele Sorge für die leibliche Bequemlichkeit, die Zerstreuung des Gemütes, die Einmengung in verschiedene Geschäfte, die freventliche Beurteilung fremden Lebens und Gewissens, die Entschuldigung oder Verkleinerung seiner eigenen Fehler, die Aufdeckung oder Vergrößerung der Gebrechen des Nächsten.

Ein anderes Merkmal der wahren Freiheit ist die innere Überzeugung von der Nachlassung der Schuld und Strafe, die aus dem Eifer des Herzens kommt, der manchmal in Flammen gerät, wie das Feuer im Ofen und den Menschen, der zuvor kalt und trocken war, beim Gebet heiß und glühend macht. Dieser Eifer verzehrt jede Schuld und Strafe, wie das Feuer den Rost des Eisens verbrennt.

5.

Ein Merkmal der Knechtschaft und Gefangenschaft trägt der an sich, dem das Joch des Gehorsams zuwider ist, der eine liebvolle und brüderliche Zurechtweisung verschmäht, der täglich auf Rache denkt, wenn er beleidigt worden ist, dem es um das Lob und die Gunst der Menschen zu tun ist, der wissentlich und hartnäckig sich mit etwas abgibt, was wider Gott, wider sein Gewissen und gegen den Willen seiner Vorgesetzten streitet, der mit Empfangung und Erteilung der Geschenke oder freundschaftlicher Briefe seine Freude hat. Daher sagt ein gewisser Weiser: „Geschenke annehmen, heißt die Freiheit verkaufen." Und Job: *Das Feuer wird die Wohnungen derjenigen verzehren, die gerne Geschenke annehmen*[155], das ist: Das Feuer der betrüglichen Liebe, und die natürliche Folge dieser Liebe ist die Fessel der Knechtschaft. Von jenem aber, der Geschenke gibt, spricht Salomon: *Den Sieg und die Ehre wird der davontragen, der Geschenke gibt; er nimmt aber die Seele derjenigen hinweg, die Geschenke annehmen.*[156]

---

[155] Job. 15, 34.
[156] Sprichw. 22, 9.

Jedes Geschenk raubt dem Menschen die Freiheit und beugt ihn zur elendesten Knechtschaft. Denn der kann Gott nicht in der Freiheit des Geistes dienen, der in solchen Dingen befangen ist.

XXVIII. Kapitel.

Von der Religion.

1.

DIE wahre Religion oder das geistliche Leben besteht, nach der Lehre des heiligen Jacobus, *in Tröstung der Witwen und Waisen in ihren Trübsalen und in unbefleckter Bewahrung seiner selbst von dieser Welt.*[157] Jener bewahrt sich unbefleckt von dieser Welt, der der weltlichen Lebensweise gänzlich entsagt und sowohl die Sünden des Fleisches, als auch des Geistes sorgfältigst vermeidet.

2.

Zu einem wahrhaft geistlichen Leben soll uns ermuntern der Nutzen desselben, von dem die Heilige Schrift sagt: *Der Geist ist es, der lebendig macht, das Fleisch nützt nichts.*[158] Und der Apostel schreibt: *Die im Fleisch wandeln, können Gott nicht gefallen.*[159]

Wer wahrhaft nach dem Geist leben will, der muß fliehen und hassen jede fleischliche Bequemlichkeit, das ist: *Verabscheuen alle fleischliche Lüste, welche wider die Seele streiten,* wie der hl. Petrus schreibt[160] und für sich wählen, was rauh und dem Fleisch unangenehm ist. Denn so wird die Gnade bewahrt, gleichwie im Garten durch die Dornen die Pflanzen beschützt werden. Denn die Gnade verfließt durch den Mund, durch die Augen und Ohren. Und gleichwie

---

[157] Jac. I, 27.
[158] Joh. 6, 64.
[159] Röm. 8, 8.
[160] I. Petr. 2, 21.

das Feuer und das Wasser nicht beisammen sein können, ebensowenig auch fleischliche und geistliche Vergnügen, wie der heilige Bernhard bemerkt.

Überdies muß er erkennen, daß der Mensch aus sich selbst nichts Gutes zu tun vermöge, wie der Apostel versichert: *Nicht als ob wir vermögend wären, von uns selbst etwas zu denken, als aus uns selbst, sondern all unser Vermögen ist aus Gott.*[161] Dies benimmt das Selbstvertrauen. Und daß er alles vermöge durch Christus und zwar weit mehr und vollkommener als durch sich selbst, nach dem Zeugnis des Apostels: *Ich kann alles in dem, der mich stärkt.*[162] Dies entfernt die Verzagtheit. Diese beiden, nämlich die Vermessenheit und Verzagtheit sind dem geistlichen Leben sehr schädlich und stehen demselben oft entgegen. Ferner soll er vor Gott bedenken, wie gering er sei und wie elend er sein könnte und würde, wenn ihn nicht Gott beschützt hätte und dies benimmt den Hochmut. Und daß Gott Rechenschaft fordere über alles Böse, das er getan, über alles unterlassene Gute und über alle vernachlässigte Gnaden zum eigenen und allgemeinen Nachteil. Und dies flößt eine gegründete Furcht ein. Ferner alles Gute, das man empfängt, soll man ansehen, daß es von Gott komme und dies schließt die Eigenliebe aus und pflanzt die Dankbarkeit ein; und alles Widerwärtige soll man betrachten, daß es aus wohlmeinen der Zulassung Gottes, zu unserem Besten über uns gekommen sei und dies führt zur Geduld. Je mehr man sich in diesen übt, desto mehr wird das geistliche Leben gedeihen und wird man darin zunehmen und gestärkt werden.

3.

Ein wahrhaft geistliches Leben führt derjenige, dessen Geist die völlige Herrschaft über das Fleisch ausübt, der so empfindlich beim geistlichen Nachteil, wie beim körperlichen ist und ebensosehr jene

---

[161] 2. Kor. 3, 5.
[162] Philip. 4, 13.

Menschen, Orte und Gelegenheiten vermeidet, die seinem Geist schädlich sein können, so sehr er das flieht, was seinem Leib nachteilig sein kann und der für die Heilung seiner Seele so treu besorgt ist, wie für den Leib, ja für jene um so mehr als für diesen, je höher der Geist im Wert vor dem Leib ist

Ingleichen bemerkt man an jenem die Kennzeichen des geistlichen Lebens, der so viel Vergnügen an der geistlichen Labung hat, als an der leiblichen und so ungern dieselbe vermißt, als die leibliche und sich so ordentlich mit der geistlichen Nahrung stärkt, als mit der leiblichen und ebensosehr sich Gewalt antut zum Genuß der geistlichen Speise, zu der er gerade keine Lust hat, als der Kranke genötigt wird, die leibliche Speise zu sich zu nehmen, wenn sie ihn anekelt.

Ein anderes Kennzeichen vom geistlichen Leben ist dieses, wenn der Mensch ebenso eifrig und besorgt für die Seele, wie für den Leib ist, wenn er bereit ist, dem geistlichen Arzt in den Angelegenheiten seines Seelenheils ebenso pünktlich in allem zu folgen, wie dem Leibarzt zur Genesung des Körpers; wenn er ebenso besorgt ist, sich um die göttliche Gnade zu bewerben, der er immer bedarf er mag sich in einer ungünstigen oder freundlichen Lage, bei Freunden oder Feinden, in Lob oder Tadel, allein vor Gott oder unter Menschen befinden, wie er besorgt ist für Fleisch- und Fastenspeisen, für Winter- und Sommerkleider. Wenn er so sehr bemüht ist, die Gnade Gottes sich zu erwerben, zu vermehren, zu erhalten und zu benützen, wie ein Weltmensch um Erwerbung der zeitlichen Güter. Und wenn seine Sorge für den Geist um so viel größer ist als für den Leib, als viel der Geist edler ist, als der Leib. Von diesen allen sagt der Apostel: *Die nach dem Fleisch wandeln, sind fleischlich gesinnt; die aber nach dem Geist wandeln, sind geistig gesinnt.*[163]

---

[163] Röm. 8, 5.

Zeichen eines sinnlichen Lebens gibt der, welcher die Sinnlichkeit des Fleisches zur Lebensregel hat. Höre den heiligen Augustinus: „Derjenige" sagt er, „lebt nach dem Fleisch, der seinem eigenen Willen folgt, das ist, der hingeht, wo er will, schläft, wann er will und so lang er will, ißt und trinkt, wann er will, und so viel er will, lacht und Possen treibt, bei welchen er will und wann er will, der endlich alles, was dem Geruch, dem Gefühl und den Augen ergötzlich ist, und dem Körper schmeichelt, tut und befolgt, wie und wann er will; weil sich nach allem, Erlaubten und Unerlaubten seine sinnliche Begierden erstrekken. Er hat seine Freude an schönen Kleidern, Pferden und Waffen, wie und wann er will. Und so lebt er nicht dem Willen Gottes gemäß, sondern nach dem Fleisch, dessen Lüste und Begierden er erfüllt, wie er will und wann er will."

Einen anderen Beweis eines sinnlichen Lebens liefert die Freiheit der Zunge, welche die Zerstreuung des Gemüts zur Folge hat, gemäß jenen Worten der Schrift: *Wenn sich jemand von euch dünken läßt, er diene Gott, und doch seine Zunge nicht im Zaum hält, sondern sein Herz täuscht, dessen Gottesdienst ist eitel.*[164] Darum sagt die Schrift ferner: *Wer seinen Mund bewahrt und seine Zunge, der verhütet, daß seine Seele nicht in Angst komme.*[165] *Tod und Leben ist in der Bewegung der Zunge.*[166]

---

[164] Jac. 1, 26.
[165] Sprichw. 21, 23.
[166] Sprichw. 18, 21.

XXIX. Kapitel.

Von der Ernsthaftigkeit.

I.

DIE Ernsthaftigkeit ist eine wahre Tugend, wenn alle Neigungen und Kräfte der Seele in Gott sich sammeln. Dadurch wird das Gemüt von Eitelkeiten entfernt gehalten und die fünf Sinne von allen Reizungen weggezogen. Sobald aber die Seele von dieser seligen Vereinigung abweicht, wird sie sogleich in verschiedene Eitelkeiten verstrickt. *Denn alles, was unter dem Himmel ist, ist eitel*[167], sagt der weise Prediger.

2.

Zur wahren Ernsthaftigkeit soll uns an leiten das Beispiel unseres Herrn Jesu Christi; von dessen Ernsthaftigkeit der heilige Augustinus also schreibt: „Wir lesen von unserem Herrn Jesus Christus, daß er getrauert, geweint habe, daß er von der Reise müde geworden, daß er Schmach und Unbilden ertragen und Verspeiung, Geißelung und den Kreuzestod erlitten habe; daß er aber gelacht habe, lesen wir nirgends, noch auch daß er auf Erden begünstigt war, deshalben und hierin finden die Auserwählten ihren Trost, wenn sie hienieden mit Trübsalen heimgesucht und von keinen Begünstigungen der Welt fälschlich hintergangen werden, weil sie wissen, es warte ein anderes Leben auf sie." Aber auch die Heilige Schrift tadelt die ausgelassene Freude und das Lachen, mit diesen Worten: *Das Lachen hielt ich für Irrtum und zur Freude sagte ich: warum läßt du dich vergeblich betrügen?* [168] Und anderswo: *In das Lachen mischt sich der Schmerz, der höchsten Freude bemächtigt sich die Trauer.*[169] Und der Psalmist spricht also zu Gott:

---

[167] Jes. Sir. 1, 14.
[168] Jes. Sir. 2, 2.
[169] Sprichw. 14, 13.

Du haßt diejenigen, die auf Eitelkeit vergeblich halten.[170] Und vorzüglich ist jene Drohung unseres Erlösers zu beachten, da er spricht: *Wehe euch, die ihr jetzt lacht, denn ihr werdet trauern und weinen.*[171] Beherzige auch, daß das Lachen den Menschen abhält von der vertraulichen Gemeinschaft mit Gott und das Gemüt der Gnade unzugänglich macht.

3.

Derjenige beträgt sich wahrhaft ernsthaft, der weder mit müßigen Worten, noch durch Handlungen und Zeichen, noch durch einen leichtsinnigen Gang, noch durch eine andere Veranlassung andere zum Lachen bringt, sondern vielmehr sowohl an sich selbst, als auch an anderen jede Ungezogenheit von Herzen verabscheut, der alle Orte vermeidet, wo er zur Ausgelassenheit verleitet werden könnte und ausgelassene Leute flieht, um seine Ernsthaftigkeit zu erhalten, in der Überzeugung, daß *wer Pech berührt, davon besudelt werde.*[172] Wer sich zu zügellosen Leuten gesellt, wird der Zügellosigkeit nicht entgehen. Vor diesem bewahrte sich Job, der so ernsthaft war, daß die Ausgelassenen seine Gegenwart flohen, wie er selbst gesteht: *Es sahen mich die Jünglinge und verbargen sich vor mir.*[173] Und diese seine Ernsthaftigkeit war ihm so zur Gewohnheit geworden und so allgemein bekannt, daß man das Gegenteil von ihm nicht glauben wollte. Daher sagt er selbst: *Wenn ich sie* (die Armen) *etwa anlachte, glaubten sie es nicht und das Licht meines Angesichts fiel nicht auf die Erde.*[174]

---

[170] Ps. 30, 7.
[171] Luc. 6, 25.
[172] Jes. Sir. 13, 1.
[173] Job. 29, 8.
[174] Job. 29, 24.

Blößen von Leichtsinn stellt derjenige zur Schau dar, der gerne lacht, scherzhaft in seinen Reden und ausgelassen in seinen Sitten ist, der gerne solche Gesellschaften und Plätze besucht, wo man frei und lustig ist, der ernsthafte Männer flieht und dem die Ernsthaftigkeit so zuwider ist, daß er glaubt, hieraus entspringe seine Krankheit. So ein Mensch wird von dem weisen Prediger also beschrieben: *Freue dich, du Jüngling, in deinen jungen Jahren und laß dein Herz im Guten ergötzen in den Tagen deiner Jugend und wandle auf den Wegen, dazu dein Herz Lust hat und nach der Einsicht deiner Augen und wisse, daß dich Gott um dieses alles willen vor Gericht führen wird.*[175]

XXX. Kapitel.

Von der Einfalt.

I.

DIE Einfalt als wahre, vollkommene Tugend erheischt, daß man niemand beleidige und allen nütze. Diese Bestimmung gibt die Erklärung über die Parabeln Salomons. Diese ist die erste Tugend, die an Job gelobt wird: *Es war ein Mann im Lande Huß, mit Namen Job und derselbe Man war einfältig und aufrichtig*[176], gleichsam als die ausgezeichnete unter seinen übrigen Tugenden. Diese Tugend empfahl der Herr, der seine Apostel in die ganze Welt aussandte, die Ungläubigen zur Einigkeit des katholischen Glaubens zu berufen, mit diesen Worten: *Seid klug wie die Schlangen und einfältig wie die Tauben*[177], wo die Klugheit mit der Einfalt verbunden ist. Denn die Klugheit ohne die Einfalt ist Schlauheit; und die Einfalt ohne die Klugheit ist Dummheit. Wie die Taube weder mit dem Schnabel noch mit der

---

[175] Jes. Sir. 11, 9.
[176] Job. 1, 1.
[177] Matth. 10, 16.

Klaue verletzt, so schadet auch der wahrhaft Einfältige weder mit Worten, noch mit Taten.

2.

Derjenige liebt die Einfalt in der Tat, der sich nicht mit vielen Dingen beschäftigt, wie die Martha. Denn nur dort gibt es Verwirrung, wo es viele Geschäfte gibt. Die Einfalt sucht aber nur eines, von dem der Herr sagt: *Es ist nur Eines notwendig.*[178] Dies gereichte der Maria zum Lob, welche den besten Teil erwählt hat, der von ihr nicht wird genommen werden. Dies ist das eine Gut, in welchem alle ewigen und unermeßlichen Güter begriffen sind.

3.

Zur Liebe der Einfalt soll uns der aus derselben hervorgehende Vorteil reizen. Denn es steht geschrieben: *Seine* (des Herrn) *Unterredung ist mit den Einfältigen.*[179] Der Herr würdigt die Einfältigen eines besonderen Zutrauens und läßt sie seine Geheimnisse wissen. Deshalb sagte der Herr zu den Aposteln, die die Herbeiführung der Kinder zu ihm nicht gestatten wollten: *Laßt die Kleinen und verwehrt es ihnen nicht, zu mir zu kommen; denn das Himmelreich wird solchen zuteil.*[180] Diese ist jene Tugend, ohne die es kein Heil gibt. Denn unser Herr Jesus sagt ausdrücklich: *Wenn ihr nicht werdet wie die Kinder, so werdet ihr nicht in das Himmelreich eingehen.*[181] Er sagt nicht: „Ihr sollt klein (Kinder) werden", sondern wie die Kleinen, das ist: einfältig und unschuldig.

Von einem anderen Vorteil, welchen die Einfalt gewährt, redet die Schrift also: *Wer einfältig wandelt, der wandelt sicher.*[182] Der sicherste

---

[178] Luc. 10, 42.
[179] Sprichw. 3, 32.
[180] Matth. 19, 14.
[181] Matth. 18, 3.
[182] Sprichw. 10, 9.

Weg zum Himmel ist der Weg der Einfalt. Denn die Schrift versichert abermals: *Der Herr wird die beschirmen, welche einfältig wandeln.*[183]

4.

Das Gepräge frommer Einfalt trägt derjenige an sich, der die Handlungen anderer nicht böse auslegt, sondern von allen das Bessere denkt, der das Gute seines Nächsten nicht böse macht, noch verkleinert, der allen Gutes und niemanden Übles wünscht, der Gutes tut und zwar vollkommen, der gut gesinnt ist von dem Herrn und ihn in der Einfalt des Herzens sucht, der sich seinem Willen ganz unterwirft und seine Gebote beobachtet.

5.

Dagegen trägt derjenige das Gepräge der Doppelgesinnung, der sich anders im Mund, anders im Herzen und anders in der Tat zeigt; wie Joab, der den Amasa bei dem Kinn nahm und sagte: *sei gegrüßt, Bruder,* und inzwischen mit der anderen Hand den versteckten Dolch ergriff und ihn durchbohrte. Ganz was anders lehrt uns unser Herr Jesus Christus, da er spricht: *Eure Rede sei: Ja, ja: Nein, nein.*[184] Das ist, was ihr im Herzen habt, das spreche der Mund, das zeige das Werk. Und der Apostel Jacobus: *Ein doppelherziger Mann ist unbeständig in allen seinen Wegen.*[185] Über solche Doppelgesinnte ergeht der Fluch des Herrn, die nämlich Gott und dem Teufel zugleich dienen, das ist: In Sünden und guten Werken sich zugleich üben wollen. Gegen diese hat der Herr gesprochen: *Ihr könnt nicht zwei Herrn zugleich dienen*[186], die einander entgegengesetzt sind. Denn die Tugend und das Laster, das Gute und Böse stehen feindlich gegeneinander. Gegen jene aber, die da Gott und der Welt zugleich gefallen wollen, erklärt sich der

---

[183] Sprichw. 2, 7.
[184] Matth. 5, 37.
[185] Jac. 1, 3.
[186] Matth. 6, 24.

Apostel Jacobus: *Wer ein Freund der Welt sein will, der macht sich zum Feind Gottes.*[187]

6.

Ein Beweis von falscher Einfalt ist es, wenn man sich im äußerlichen Umgang einfältig zeigt und die Falschheit im Herzen trägt. Von solchen spricht der Prophet Jeremias: *Jedermann hüte sich vor seinem Nächsten und vertraue sich nicht jeglichem Bruder an; denn ein Bruder wird den anderen betrügen und unterdrücken und ein Freund den anderen hintergehen.*[188]

XXXI. Kapitel.

Von der Verschwiegenheit.

I.

DIE Verschwiegenheit ist eine wahre und vollkommene Tugend, wenn man seine Zunge im Zaum hält, nicht nur in unerlaubten (als da sind die Verleumdungen, Lügen, falsche Schwüre, Zoten, Possen, Ausbrüche des Zorns, üble Nachreden, Flüche, müßiges Geschwätz u. dergl.), sondern auch in erlaubten und nützlichen Dingen, nach den Worten des Psalmisten: *Ich bin stumm geworden und habe mich verdemütigt und habe auch von guten Sachen geschwiegen*[189], nämlich sie nicht geoffenbart; wie die Erklärung sagt. Jener verfällt nicht leicht auf unerlaubte Gespräche, der die erlaubten Reden mit Behutsamkeit beschränkt. Nicht nur durch unerlaubte und nachteilige, sondern auch durch nützliche Reden geht die geistliche Gnade verloren, wenn im Reden nicht das gehörige Maß beobachtet wird. Nur selten ist diese Tugend, die Bezähmung der Zunge nach dem Zeugnis des

---

[187] Jac. 4, 4.
[188] Jerem. 9, 4.
[189] Ps. 38, 3.

Apostel Jacobus: *Alle Natur der wilden Tiere, der Vögel, der Schlangen und anderer Tiere können bezähmt werden und sind gezähmt worden von der menschlichen Natur; aber die Zunge hat kein Mensch bezähmen können, dies unbändige Übel, voll tödlichen Giftes.*[190] Hierüber sagt die Erklärung also: Die Zunge der Bösen übertrifft an Wildheit die wilden Tiere, an Leichtfertigkeit die Vögel, an Giftigkeit die Schlangen. Denn sie gleichen den wilden Tieren, die ihre Zungen wie Schwerter geschliffen haben; den Vögeln, die ihren Mund zum Himmel erheben und eitle Gespräche führen; den Schlangen, weil von ihnen geschrieben steht: *Natterngift ist unter ihren Lippen.*[191]

2.

Zur Verschwiegenheit soll uns vermögen, das nachahmungswürdige Beispiel unseres Herrn Jesu Christi, der uns die Verschwiegenheit dadurch empfahl, daß er, über die falschen Anklagen gefragt, sich nicht entschuldigen, noch sich durch eine Verantwortung vom Tod befreien wollte. Ferner das Beispiel eines gewissen Einsiedlers, von dem erzählt wird, daß er drei Jahre einen Stein im Mund getragen habe, um das Schweigen zu lernen. Denn geschwinder erlernt man das Reden, als das Schweigen. Daher kommt jener Spruch des Weisen: *Wer zu reden weiß, der lerne auch das Schweigen.*

Ein Antrieb zur Verschwiegenheit soll uns auch sein der daraus entstehende Nutzen. Denn das Stillschweigen versammelt das zerstreute Gemüt, führt zur Ruhe des Gewissens und macht das Gemüt empfänglich für die göttliche Gnade. Wo aber das Stillschweigen nicht einheimisch ist, da wird der Mensch leicht vom bösen Feind überwunden, gemäß jenen Worten: *Ein Mann, der seinen Geist im Reden nicht einhalten kann, der ist wie eine offene Stadt, die mit Mauern nicht*

---

[190] Jac. 3, 7, 8.
[191] Ps. 13, 3.

umgeben ist.[192] Denn wer nicht Meister seiner Zunge ist, der wird nie zur Vollkommenheit gelangen, weil nach dem Ausspruch des Apostel Jacobus: *Nur der ein vollkommener Mann ist, der in keinem Wort fehlt*[193], und kein anderer, setzt die Erklärung bei. Wer die Zunge bewahrt, der ist glückselig; denn *selig ist der Mann, der nicht gefallen ist durch die Rede aus seinem Mund*[194], sagt der weise Sirach. Und in den Sprichwörtern lesen wir: *Wer seinen Mund bewahrt und seine Zunge, der hütet, daß seine Seele nicht in Angst kommt.*[195]

3.

Ein wahres und vollkommenes Stillschweigen hält derjenige, der, obwohl er frei, ohne Anstoß, ohne Sünde reden könnte und dessen Worte mit großer Begierde aufgenommen würden, dennoch nicht, oder nur selten zum Reden gebracht werden kann, eingedenk jener Bemerkung des heiligen Gregorius: „Wenn der Prophet Ezechiel, der zum Reden gesandt war, sieben Tage ruhig saß und trauernd schwieg, so ist wohl zu bedenken, wie sehr sich derjenige versündige, der nicht schweigt, da ihn keine Notwendigkeit zum Reden zwingt." Und der sich auch an jene evangelische Warnung erinnert: *Ich aber sage euch, die Menschen werden am Tage des Gerichts über ein jedes unnützes Wort, das sie reden, Rechenschaft geben müssen.*[196]

4.

Ein Zeichen von falscher Verschwiegenheit, oder von Geschwätzigkeit ist, absprechend und ziemlich laut reden, um sich bei den Anwesenden ein Gewicht zu geben, oder zur Unzeit ein Gespräch anfangen, da doch die zeitgemäße Rede die beste ist. Dagegen spricht der

---

[192] Sprichw. 25, 28.
[193] Jac. 3, 2.
[194] Jes. Sir. 14, 1.
[195] Sprichw. 21, 23.
[196] Matth. 12, 36.

weise Sirach: *Ein vernünftiger Mensch wird schweigen, bis zu seiner Zeit, der Mutwillige aber, und der Unverständige halten keine Zeit.*[197] Das heißt, sie reden, da niemand zuhört, oder aufmerken will. Hier gibt der weise Mann, die Lehre: *Wo man nicht zuhört, da lasse das Reden bleiben.*[198] Oder sie antworten, bevor man einen anderen vernommen hat, oder ehe sie befragt worden sind. Denn es heißt in der Heiligen Schrift: *Wer Antwort gibt, bevor er hört, der gibt zu erkennen, daß er ein Narr ist und billig zuschanden werde*[199], oder sie antworten statt einem anderen, ohne daß an sie die Frage erging. Denn Sirach lehrt: *Jüngling, rede in deiner Angelegenheit wenig, nur, wenn es nötig ist.*[200]

5.

Einen falschen Beweis von Verschwiegenheit gibt der, welcher zwar schweigt, aber nicht aus Tugend, sondern entweder damit er von den Zuhörern nicht ausgepfiffen, oder damit er wegen seinem Schweigen gelobt werde, oder aus Schüchternheit, weil er entweder nicht verständlich oder nichts erhebliches zu reden weiß, oder damit durch sein Schweigen seine Dummheit verborgen bleibe, wie der Weise sagt: *Wenn der Tor schweigt, wird man ihn für einen Weisen halten.*[201]

---

[197] Jes. Sir. 20, 7.
[198] Jes. Sir. 32, 6.
[199] Sprichw. 18, 13.
[200] Jes. Sir. 32, 10.
[201] Sprichw. 17, 28.

XXXII. Kapitel.

Von der Einsamkeit.

I.

WAHRHAFT einsam sein heißt, das Gemüt abziehen von der Sorge und Beschäftigung mit äußeren Dingen und von aller Ergötzung, welche die Geschöpfe gewähren und alle Neigungen, Gesinnungen und Absichten, so viel möglich ist, einzig und allein auf Gott richten, damit das Gemüt ein Geist mit Gott werde. Hierzu ermahnt der Prophet Jesaia mit den Worten: *Gehe hinein in den Felsen und verberge dich in der Höhle unter der Erde.*[202] *Gehe hinein in den Felsen,* das ist: In die Gottheit Christi, *und verberge dich in der Höhle,* das ist: In den Wunden des Erlösers. Wer in diesem Felsen ist, der ist allein, wer außer diesem Felsen ist, der ist unter der Menge (wenn er auch dem Ort und den Gedanken nach allein ist.) In dieser Einsamkeit des Geistes wird die Seele mit so vielen Gnaden und Erleuchtungen erfüllt, daß man den Erleuchteten kaum ansehen kann. Gleichwie Moses, da er auf dem Berg durch 40 Tage und Nächte sich ganz allein mit Gott unterhielt, so sehr erleuchtet wurde, daß das Licht aus seinem Angesicht strahlte, und wie Sonnenstrahlen schimmerte und daß die Kinder Israels sein Angesicht nicht anschauen konnten, bis er dasselbe verschleiert hatte.

2.

Liebe zur Einsamkeit soll uns einflößen das Beispiel unseres Herrn und Erlösers Jesu Christi, der, obwohl ihn kein Umgang mit den Menschen in seinem geistlichen Geschäft verhindern konnte, sich doch öfters aus Liebe zur Einsamkeit vom Volk zurückgezogen hat und sich auch von seinen liebsten Jüngern, um allein zu beten, einen

---

[202] Jes. 2, 10.

Steinwurf weit entfernte, wie der heilige Lucas erzählt[203] womit er uns zu verstehen gibt, daß auch heilige Leute bei der Menge sich dem vertraulichen Gespräch mit Gott nicht ergeben können, und aus demselben nur eine geringe oder gar keine Gnade erlangen würden. So geschah es auch, daß Zachäus unseren Herrn Jesus unter dem Volk nicht sehen konnte, sondern er sah ihn erst und vernahm auch seine Stimme, nachdem er allein auf den Baum gestiegen war.

Hierzu soll uns auch einladen der Nutzen der Einsamkeit, von welchem der Herr von der Braut sagt: *Ich will sie in die Einsamkeit führen und ihr ins Herz reden.*[204] O, wie glücklich ist der, der auch nur einmal die Stimme des Herrn in seinem Innersten vernommen hat. Die Worte des Herrn in der Seele sind für sie die Zusicherung der wichtigsten Gnaden.

Zur Einsamkeit soll uns auch einladen, daß die heiligen Einsiedler einst sich in die Einöden begaben, einsam herumirrten und in den Gebirgen, in den Berghöhlen und Erdgruben sich verbargen, um da unaufhörlich sich mit Gott zu beschäftigen. Es geschah manchmal, daß sie 40 Jahre lang keinen Menschen sahen.

3.

Von jenem kann man mit Wahrheit behaupten, er lebe einsam, dem es lästig ist, unter den Menschen zu erscheinen und der sich von selben zurückzieht, so viel er kann. *Siehe ich bin weit hinweggeflohen und habe mich in der Einöde aufgehalten.*[205] Wie es der Maria Magdalena eine Qual war, Menschen zu sehen, nachdem sie Jesus nicht mehr sehen konnte; ja sogar Engel zu sehen war ihr qualvoll. Darum sagte sie zu den Engeln, die sie wegen dem Weggehen des Herrn trösten wollten: *Ich suche den Schöpfer und darum ist es mir unangenehm, Geschöpfe zu*

---

[203] Luc. 22, 41.
[204] Ose. 2, 14.
[205] Ps. 54, 8.

sehen. Deshalb floh sie in die Einöde aus Liebe zu Jesu, 30 Jahre lang entbehrte sie Speise und Trank, täglich ward sie in den zum Gebet bestimmten Stunden von den Engeln in die Luft erhoben, bei diesem Gebet empfing sie Nahrung für den Geist und für den Körper.

4.

Einsam ist keineswegs derjenige, der, wenn er schon dem Leib nach vor Gott ganz allein; doch der Seele nach in allen Weltteilen und bei verschiedenen Geschäften ist. Diese beiden, das Stillschweigen und die Einsamkeit sind am zuträglichsten zum Aufschwung der Seele bei der Betrachtung. Deswegen heißt es beim Propheten Jeremias: *Er wird einsam sitzen und schweigen, weil er die Last auf sich genommen hat.*[206]

XXXIII.

Von der Betrachtung.

I.

DIE wahre und vollkommene Betrachtung ist eine Sammlung der Neigungen und aller Seelenkräfte, um etwas von der göttlichen Natur mit Salbung und Bewunderung des Gemüts zu erkennen, nämlich von der Macht, Weisheit, Güte, Liebe, Vortrefflichkeit, Freigebigkeit und dergleichen Eigenschaften; oder die verborgenen Urteile Gottes, oder seinen heiligsten Willen, oder irgendeine Vollkommenheit, die sich auf Gott bezieht. In der Betrachtung haben sich geübt die Patriarchen und Propheten und auch die heiligen Apostel. Den Patriarchen und Propheten hat Gott in der Betrachtung durch den Heiligen Geist seine Geheimnisse geoffenbart, wie dem Noah von der Sündflut, dem Abraham von dem Untergang der Sodomiten, dem Jeremias von der Wegführung der Juden in die Gefangenschaft, dem Joseph von der

---

[206] Klagel. 3, 28.

Hungersnot in Ägypten, dem Daniel die Bedeutung des großen Bildes, das Nabuchodonosor im Traum sah; und so anderen Patriarchen und Propheten andere Geheimnisse, wie dem Propheten Ezechiel verschiedene Erscheinungen. Daher spricht der Prophet Amos: *Gott der Herr tut nichts, er habe denn zuvor sein Geheimnis seinen Dienern, den Propheten geoffenbart.*[207] Den Aposteln aber hat Gott durch seinen eingeborenen Sohn seinen ganzen Willen und jede Vollkommenheit angezeigt, wie der Sohn Gottes selbst versichert: *Alles was ich von meinem Vater vernommen habe, habe ich euch kundgemacht*[208], damit auch sie das Nämliche ihren Schülern verkündigten; was sie auch treulich getan haben. Denn *in alle Länder ist ihr Schall ausgegangen und ihre Worte bis auf die Grenzen der Erde.*[209] Vorzüglich sind, unter allen Aposteln, dem heiligen Johannes des Evangelisten und dem heiligen Paulus die geheimsten Offenbarungen zuteil geworden. Unter anderen wurden ihnen eröffnet die acht Seligkeiten: *Selig sind die Armen im Geiste* etc. *Selig sind die Sanftmütigen; denn* etc. Diese Seligkeiten enthalten eine große Vollkommenheit in sich und zeigen den vollkommenen Willen Gottes an.

2.

Es ist aber ein Unterschied zwischen der Beschauung, der Betrachtung und dem bloßen Denken. Denn bei dem Denken pflegt der Geist auszuschweifen, bei der Betrachtung zu forschen, bei der Beschauung aber zu bewundern. Das bloße Denken erfordert keine Mühe und ist ohne Nutzen, die Betrachtung kostet Mühe und hat ihren Nutzen, die Beschauung fordert keine Anstrengung und ist doch fruchtbar.

---

[207] Amos. 3, 7.
[208] Joh. 13, 15.
[209] Ps. 18, 5.

Zur Beschauung Gottes müssen uns drei Stufen führen, von denen der heilige Gregorius schreibt: Die erste ist, daß sich die Seele in sich selbst sammle. Die zweite, daß sie sehe, welche Beschaffenheit sie in der Gemütsversammlung habe. Die dritte, daß sie sich über sich selbst erhebe und sich der Beschauung des unsichtbaren Schöpfers ergebe. Die Seele wird sich aber in sich nicht sammeln, wenn sie nicht vorher gelernt haben wird, die Vorstellungen irdischer und himmlischer Bilder vor den Augen des Gemüts abzuhalten, alles, was man gesehen, gehört, gerochen, gefühlt und gekostet hat, und was sich hiervon in den Gedanken darstellt, sogleich abzuweisen und zu verachten, damit sie inwendig so zu sein strebe, wie sie ohne diese äußerlichen Dinge ist. Denn, wenn sie an diese Dinge denkt, so gibt sie sich inwendig gleichsam mit den Schatten der Körper ab. Man muß sie also alle vor den Augen des Gemüts auf bescheidene Weise abtreiben und die Seele muß sich so betrachten, daß sie als Geschöpf Gott untertänig, aber über den Körper erhaben sei; damit sie, die das Leben von Gott empfangen hat, den untergeordneten Körper belebe, den sie zu leiten hat.

Hierzu soll uns auch anreizen die unbeschreibliche Süßigkeit, die beim beschaulichen Gebet genossen, die bewunderungswürdige Vervollkommnung, die da erlernt, der Anfang aller Glückseligkeit, die da gefunden wird. Denn die Quelle aller Glückseligkeit – der höchste Gott – wird da erkannt und was erkannt wird, wird auch geliebt, und was man wahrhaft liebt, nach dem trägt man auch großes Verlangen und wonach man mit großem Verlangen strebt, zu dem gelangt man endlich und wenn man einmal zu dessen Besitz gelangt ist, so wird dieser Besitz mit unaufhörlicher Freude genossen. Hiervon schreibt der heilige Bernhard: „Wenn einmal eine Seele gelernt hat und ihr gegönnt ist, in sich selbst einzugehen und in ihrem Innersten nach Gottes Gegenwart zu seufzen und dessen Angesicht stets zu suchen; (denn Gott ist ein Geist und die ihn suchen, müssen im Geist wandeln und nicht im Fleisch, um nach dem Fleisch zu leben) so zweifle ich, was einer solchen Seele schrecklicher und qualvoller wäre, die Hölle auf eine Zeit auszustehen, oder von der einmal gekosteten Süßigkeit des geistlichen Aufstrebens wieder zurückkehren zur Lust, oder vielmehr zur Last des Fleisches und zu der nie sättigenden Neugierde der Sinne, gemäß jenem Spruch des weisen Predigers: *Weder das Auge wird durch das Sehen satt, noch das Ohr durch Hören.*[210] Vernehme nur einen der aus Erfahrung spricht: *Gut ist der Herr denen, die auf ihn hoffen, einer Seele, die ihn sucht.*[211] Wenn man jene Seele dieses Guts verlustig machen wollte, so würde sie es, meines Erachtens, nicht anders aufnehmen, als wenn man sie von dem Paradies vertreiben, oder vom Eintritt in den Himmel abhalten wollte. Höre noch eine andere der vorigen ähnliche Seele: *Mein Herz hat zu dir gesagt, mein Angesicht hat dich gesucht: Herr, dein Angesicht will ich suchen.*[212] Daher spricht diese Seele weiter: *Mir ist es gut, daß ich Gott anhänge,* und sagt endlich zu sich selbst: *Meine Seele kehre wieder um in deine Ruhe; denn der Herr hat dir wohl getan.*[213] Ich versichere euch daher, daß derjenige, der einmal diese Wohltat genossen hat, nichts so sehr fürchte, als daß er – verlassen von der Gnade – genötigt sei, sich wieder zu irdischen Freuden – vielmehr Trostlosigkeiten zu wenden und neuerdings den Lärm der leiblichen Sinne zu ertragen." Erfahren in der beschaulichen Betrachtung war auch der heilige Augustinus, der von sich bekennt: „Es mißfiel mir selbst, was ich als weltlich tat und es war mir sehr zur Last; als mich die Begierde nach Geld und Ehre, wie vordem schon nicht mehr anspornten. Denn an jenen Dingen hatte ich schon keine Freude mehr, wegen deiner Süßigkeit, o Herr und wegen der Zierde deines Hauses, das ich liebgewonnen habe."

---

[210] Eccl, 1, 8.
[211] Klagel. 3, 25.
[212] Ps. 26, 8.
[213] Ps. 114, 7.

Einen Beweis von der wahrhaft beschaulichen Betrachtung legt derjenige an den Tag, dem es an dem müheseligen Leben dieser Welt ekelt, indem er mit Tobias spricht: *Sterben ist mir nützlicher als leben*[214], und mit Job: *Meine Seele hat Verdruß an meinem Leben.*[215] Und mit Paulus: *Ich elender Mensch! Wer wird mich befreien von dem Leib dieses Todes?*[216] Und mit dem, den nach der Quelle des Lebens dürstet und darum mit dem Psalmisten seufzt: *Gleich wie ein Hirsch nach Wasserquellen lechzt, also hat meine Seele Verlangen nach dir, o Gott!* [217] Daher schreibt der heilige Gregorius: „Das beschauliche Leben besteht darin, daß man die Liebe Gottes und des Nächsten fest im Herzen behalte; die äußerlichen Übungen aber ruhen lasse; mit ungeteiltem Verlangen Gott allein anhänge und nichts anderes tue, sondern alle anderen Sorgen beseitige und der Geist ganz in der Beschauung des Angesichtes Gottes erglühe; so zwar, daß er veranlaßt wird, die Last des sterblichen Fleisches mit Verdruß zu tragen und mit der sehnlichsten Begierde verlange, in der Gesellschaft der Engel und der Himmelsbürger lobsingen und in der Anschauung Gottes einer ewigen Unveränderlichkeit sich erfreuen zu können.“

5.

Falsch ist die beschauliche Betrachtung, wenn man von Gott, oder dessen Vollkommenheit Ansichten hat, die mit den Wahrheiten der katholischen Kirche, der Heiligen Schrift im Widerspruch stehen und dieselben doch mit Scheingründen kühn verteidigen will. Hieraus sind ehemals Ketzereien entstanden, nämlich jene des Arius, der es leugnete, daß der Sohn gleich ewig und von gleicher Wesenheit mit dem Vater sei und die des Sabellius, der in der Dreieinigkeit die Personen

---

[214] Tob. 3, 6.
[215] Job. 10, 1.
[216] Röm. 7, 24.
[217] Ps. 41, 2.

nicht unterschieden hat und nur einen Unterschied dem Namen nach machte, da sie doch der Eigenschaft nach unterschieden sind. Denn der Vater ist der Ungeborene, der Sohn der Geborene, der Heilige Geist der Hervorgegangene.

XXXIV. Kapitel.

Von der Bescheidenheit.

I.

DER wahren Bescheidenheit ist es eigen, klug zu urteilen über den Schöpfer und das Geschöpf, wer der Schöpfer sei und was das Geschöpf. Ingleichen zu beurteilen, was gut was besser und was das beste sei; was schlimm, was schlimmer, was das schlimmste sei; wie sehr man das Gute verlangen, wie sehr man das Böse verabscheuen müsse. Wiederum, wie viele Ehrfurcht der Mensch dem Vorgesetzten, welche Herablassung er dem Geringeren und welches Vertrauen er seinesgleichen schuldig sei; wie er sich gegen Verstorbene, wie gegen Lebende; wie gegen seine Vorfahren, wie gegen seine Nachfolger zu betragen habe; wie er sich gegen Freunde benehmen müsse, um sie in Gott zu lieben; wie gegen Feinde, um sie wegen Gott zu lieben, wie vor Gott allein und wie öffentlich unter den Menschen, welche Erquikkung man dem Leib und welche man dem Geist gestatten soll, welcher Kleider man sich bedienen dürfe, wann man essen, wann man trinken, wann, wieviel und von welchen Speisen man sich enthalten, wann man wachen, wann und wie lange man schlafen, wann man beten, wann man weinen und wann man zu seiner Arbeit gehen soll, wie man sich beim Lob, wie beim Tadel zu verhalten habe, wann man reden, wann man schweigen, welche Rücksicht man auf die Ursachen, Ort, Zeit und Personen dabei nehmen soll, wann man annehmen, wann man zurückbehalten, wann man Geschenke machen soll, wieviel, welchen Personen, zu welcher Zeit. Alles dieses anzuordnen und klug zu beurteilen ist die Sache der wahren Bescheidenheit. Diese Tugend ist die Lehrmeisterin aller übrigen Tugenden, indem sie allen Maß und Ordnung vorschreibt. Wo aber die Bescheidenheit mangelt, da hält die Liebe die rechte Ordnung nicht, was man zuerst und was man zuletzt, noch das Maß, was man weniger und was man mehr lieben soll. Da ist auch keine Ordnung, wo kein Maß ist, wie der heilige Augustinus bezeugt: „Bei zu vieler Demut verliert das Ansehen des Verstandes."

Auf gleiche Weise ist der Gehorsam blind und töricht, wenn man meint, man müsse auch in bösen Dingen gehorsamen. So geht auch die Freigebigkeit in Verschwendung über, wenn man ohne Notwendigkeit vieles an Schauspieler und Gaukler vergeudet. So wird aus zu vieler Furcht Verzweiflung, aus zu großer Hoffnung Vermessenheit. Übertriebene Gerechtigkeit erzeugt zu große Strenge. Aus zu vieler Geduld, Barmherzigkeit, Sanftmut, Milde, Güte, werden Ungerechtigkeiten begangen. Das *zuviel* schadet der Religion, verfälscht die Wahrheit, verletzt die Keuschheit, macht die Ernsthaftigkeit leichtsinnig, die Standhaftigkeit wankend.

Diese Tugend erhält einen Zuwachs aus der Ermanglung anderer Tugenden. Denn wenn der Mensch so manchmal fällt von der Demut in den Hochmut und in die eitle Ehre, von der Nächstenliebe in den Neid, von der Geduld in Zorn, von der Sanftmut in Zänkerei, vom Eifer in die Lauigkeit, von der Keuschheit ist fleischliche Begierden, von der Liebe zur Armut in den Geiz, vom Frieden in den Unfrieden, von der Eintracht in die Mißhelligkeit, von dem Gehorsam in den Eigensinn, von der Ernsthaftigkeit in den Leichtsinn, von der Andacht in die Ausgelassenheit, von der Liebe zum Stillschweigen in die Geschwätzigkeit und in üble Nachreden, von der geistlichen Liebe in die fleischliche, von der Furcht Gottes in die knechtische Menschenfurcht, von der Gerechtigkeit in die Strenge, von der Barmherzigkeit in die Weichlichkeit, von der Standhaftigkeit in die Wankelmütigkeit, von der Wahrheit in die Falschheit, dann wird der Mensch erst behutsamer, um sich vor fernerem Fall zu hüten; dann wird er sorgfältiger und in allen Stücken bescheidener.

2.

Zur wahren Bescheidenheit soll und kann uns führen die fleißige Lesung und Betrachtung der Heiligen Schrift, das beständige Forschen in den Leben der Heiligen und die Nachahmung ihrer Beispiele, die öftere Beratung bei einsichtsvollen Männern, wie die Schrift sagt: *Erhole dir allzeit Rat bei einem weisen Mann.*[218] Deshalb befahl der Herr dem Paulus: *Steh auf und geh in die Stadt; da wird dir gesagt werden, was du tun sollst.*[219] Auf gleiche Weise sprach er zu den Aussätzigen: *Geht hin, zeigt euch den Priestern.*[220] Nicht bloß zu einem schickte er sie, sondern zu mehreren, damit, wenn einer weniger bescheiden wäre, ein anderer klügerer beraten werden könnte.

3.

Derjenige erzeigt wahre Bescheidenheit, der alle seine Unternehmungen nach dem Rat der Klügeren behandelt. Kann er diese nicht allzeit um sich haben, so wägt er sein Tun und seine Geschäfte in seinem Gewissen vor Gott mit aller Klugheit und reifer Überlegung ab, jener Lehre gemäß: *Mein Sohn, tue nichts ohne Rat und es wird dich nach der Tat nicht reuen.*[221] Aber auch dem Zeugnis seines Gewissens darf er nicht allzeit trauen, wenn nicht demselben ein deutliches Zeugnis der Heiligen Schrift beistimmt. Jedoch darf er die Heilige Schrift nicht nach Belieben zu seinen Gunsten auslegen, sondern er muß sich nach dem Sinn der Schrift richten.

---

[218] Tob. 4, 19.
[219] Apostelgesch. 9, 7.
[220] Luc. 17, 14.
[221] Jes. Sir. 32, 24.

4.

Merkmale von Unbescheidenheit legt derjenige an den Tag, der sich Fasten, Wachen, Gebete, Geißelungen und dergleichen Bußwerke über die Kräfte auferlegt, wodurch er sich in kurzer Zeit zugrunde richtet, daß er auf mehrere Jahre für den Dienst Gottes unbrauchbar wird. Doch heutzutage gibt es nicht viele Menschen, die hierin ein Übermaß begehen.

5.

Ein Kennzeichen falscher Bescheidenheit ist es, wenn man zur Erhaltung seines Körpers alles aufbietet, um demselben alle Bequemlichkeit zu verschaffen und gleichsam zu Gott sagt: *Meine Stärke will ich bei dir verwahren*[222], und inzwischen den Geist ohne geistliche Nahrung hungern und schmachten läßt, der ohne Beschäftigung nicht sein kann. Darum schreibt der heilige Augustinus: „Indem wir die Erkrankung des Leibes fürchten, vernachlässigen wir den Geist, weil das zärtlich gepflegte Fleisch die Seele tötet." Ferner bezeugt der heilige Augustinus: „Wie die Motten die Wolle und das Holz durchfressen und wie das Feuer Heu und Stroh verzehrt; so verbrennt und verzehrt der reichlich genährte Leib die Seele." Ein solcher Mensch bedenkt nicht, daß der Körper dennoch der Zerstörung nicht entgehen würde, obschon er alle Pflege und Bequemlichkeit genösse, wie gewöhnlich jene Weltmenschen, die dem Körper alles Vergnügen verschaffen, darum Gott nicht besser dienen, sondern desto öfter erkranken. Besser ist es aber, man habe einen regen Geist, mit der Gnade erfüllt, in einem kränklichen Körper, als eine träge oder tote Seele in einem gesunden Leib.

---

[222] Ps. 58, 10.

XXXV. Kapitel.

Von der Teilnahme.

I.

ANTEILNEHMEN in Bezug auf Gott heißt, sich freuen der Glückseligkeit und Vollkommenheit, die Gott von Ewigkeit her besitzt, nämlich, Freude haben an seiner Allmacht, Weisheit, Güte usw. und daß er keines Dinges bedürfe und reich genug für sich selbst und alle Geschöpfe sei.

Ingleichen sich mit Gott freuen über die Erschaffung des Himmels und der Erde und aller Geschöpfe, die in selben wohnen und über alle seine Werke und Anordnungen vom Anfang der Welt bis ans Ende der Zeiten. Und besonders über die Werke der Menschwerdung, der Beschneidung, des Leidens, der Auferstehung, der Himmelfahrt, der Sendung des Heiligen Geistes und über alle seine Urteile offenbare und geheime in Betreff der gefallenen Engel, der Seelen in der Hölle, in der Vorhölle und im Fegefeuer und der bösen Menschen in der Welt.

Ferner sich freuen mit Gott über das Lob, die Ehrerbietung und Anbetung, die Gott von den Engeln und Heiligen im Himmel und von den Menschen auf Erden empfängt.

Wahre Teilnahme in Bezug auf den Nächsten ist es, wenn man sich freut über die Glorie, welche alle Engel und Heiligen im Himmel genießen. Wie auch wenn man den Sündern seine Freude bezeigt über ihre Bekehrung; den Gerechten über die Bewahrung und Stärkung in der Gnade, der Kirche wegen den Sakramenten und Gaben des Heiligen Geistes und allen Heiligen Glück wünscht; nämlich der seligsten Jungfrau Maria, den Patriarchen und Propheten, den Aposteln und allen Auserwählten wegen den von Gott empfangenen und noch zu genießenden Gaben.

2.

Zur wahren Anteilnahme soll uns ermuntern der hieraus entspringende überaus große Nutzen. Denn was immer der allmächtige Gott seiner Natur nach in sich an Vollkommenheit, Güte und Glückseligkeit besitzt, was immer die Engel und Heiligen im Himmel an Glorie genießen und was immer an Gnade und Tugend die Kirche und ihre Gläubigen haben, das alles wird zum Eigentum für einen jeden durch die Anteilnahme.

Ermuntern soll uns auch hierzu, daß eben auch die Anteilnahme des Vaters, des Sohns und des Heiligen Geistes der Ursprung sei aller Geschöpfe, sie war allzeit und ist noch jetzt der Anfang aller göttlichen Werke.

3.

Wahre Teilnahme bezeugt derjenige, der durchaus Freude hat an allem, was Gott angeht, dem die Einsetzung der Kirche, alle Anstalten und Ratschlüsse Gottes, wie die göttliche Lebensweise und die heiligsten Beispiele unseres Herrn Jesu Christi und aller Freunde Gottes vom Herzen wohlgefällig sind und dies alles auch anderen verkündet und empfiehlt.

Wie auch der Freude hat an allen natürlichen, geistlichen und unverdienten Gaben und Gnaden, welche den Engeln und Heiligen im Himmel und den Menschen auf Erden zuteil geworden sind und der alles Gute zu allen Zeiten und wo er kann, nach Kräften befördert und selber mitwirkt.

4.

Nur auf den Schein nimmt Anteil derjenige, der zwar die Anordnungen Gottes im Himmel und auf Erden, wie auch die guten Werke der Gerechten, ihre Tugenden und ihren heiligen Wandel mit dem Mund lobt aber durch seine Sitten tadelt. Diesen macht Gott der

Herr bei dem Propheten Jesaia billig den Vorwurf: *Dieses Volk naht sich mir mit dem Mund und ehrt mich mit den Lippen; sein Herz aber ist weit von mir.*[223] Solche sind von dem Leib der Kirche getrennt, die an den Gütern dieses Leibes keinen Anteil nehmen.

XXXVI. Kapitel.

Vom Vertrauen.

1.

DAS Vertrauen, als eine wahre und vollkommene Tugend ist eine Überzeugung des Gemüts, daß der allmächtige und getreue Gott seine Freunde niemals verlasse, gemäß jener Versicherung des Heiligen Geistes: *Keiner ist zuschanden geworden, der auf den Herrn gehofft hat. Denn wer ist verlassen worden, der seinen Geboten getreu geblieben ist?*[224]

2.

Derjenige hat wahres Vertrauen, der überzeugt ist, daß der gute Gott den Seinigen in ihren Trübsalen allzeit beistehe und allzeit bereit sei, sie von ihren Anfechtungen zu befreien und die Befreiten zu verherrlichen, gemäß jener Verheißung bei dem Psalmisten: *Ich bin bei ihm im Leiden, ich werde ihn erretten und zu Ehren bringen.*[225] So war der Herr mit Daniel in der Löwengrube, mit Noah in der Arche, mit Joseph in der Zisterne, mit den drei Knaben in dem Feuerofen und hat sie alle gütigst gerettet. Daher schreibt der heilige Petrus: *So weiß der Herr die Frommen aus der Versuchung zu erlösen.*[226] Und beim Tobias spricht Sara zu Gott also: *Dies halte ein jeder für gewiß, der dich ehrt, daß sein Leben wird gekrönt werden, wenn er in Anfechtung ist und daß*

---

[223] Jes. 29, 13.
[224] Jes. Sir. 2, 11, 12.
[225] Ps. 90, 15.
[226] 2. Petr. 2, 9.

er wird erlöst werden, wenn er in Trübsal sein wird und daß er zu deiner Barmherzigkeit wird kommen können, wenn er unter der Strafe sein wird. Denn du hast nicht Lust an unserem Verderben, und nach dem Ungewitter machst du, daß es still werde und nach dem Weinen und Heulen gibst du große Freude.[227]

Vom wahren Vertrauen ist jener beseelt, der nicht zweifelt, daß all sein Gebet und alle seine gerechte Wünsche werden erhört werden. Denn der heilige Chrysostomus versichert: „Wenn du dich mit dieser Stimmung des Gemüts Gott nahen und zu ihm sprechen wirst: Ich gehe nicht von dannen (nämlich, außer ich erhalte), so wirst du erhalten, wenn du anders etwas begehrst, was dem Geber ziemt dir zu erteilen und dir gedeihlich sein wird, es zu empfangen.“ Diese Tugend ist sehr lobenswürdig und von großem Verdienst vor Gott. Hierzu ermahnt der Apostel mit den Worten: *Laßt eure Zuversicht nicht entfallen, die eine große Belohnung hat.*[228]

3.

Wahres Vertrauen zu schöpfen sollen wir beflissen sein, weil der freigebigste Gott gar oft auch ohne unser Wünschen mehr erteilt aus seiner bloßen und unbegreiflichen Güte, als wir uns zu wünschen getrauen. Denn der Vater hat uns erschaffen nach dem Ebenbild der Dreieinigkeit, sein eingeborener Sohn hat uns sein Fleisch und Blut zur Speise und Trank und sein Leben zum Lösegeld für uns gegeben. Wer hätte es jemals gewagt, so etwas zu gedenken? Wahres Vertrauen muß uns einflößen selbst die Stellung Christi am Kreuz. Denn hiervon schreibt der heilige Bernhard also: „Wer muß nicht hingerissen werden zur Hoffnung und zum zuversichtlichen Vertrauen, alles zu erhalten, der die Stellung des Leibes Christi am Kreuz betrachtet? Siehe, das Haupt ist geneigt zum Küssen, die Arme sind ausgestreckt zum Um-

---

[227] Tob. 3, 21, 22.
[228] Hebr. 10, 35.

fangen, die Hände durchbohrt zum Geben, das Herz eröffnet zum Lieben, der ganze Leib ausgedehnt, um sich ganz für uns zu opfern.“

4.

Einen Grund des wahren Vertrauens hat jener, der sich im Gewissen keiner schweren Sünde schuldig weiß, wie der heilige Johannes bezeugt: *Wenn uns unser Herz keine Vorwürfe macht, so haben wir Zuversicht zu Gott, und werden, was wir immer bitten, von ihm erlangen.*[229] Darum lesen wir von der Susanna: *Ihr Herz hatte Vertrauen auf Gott*[230], weil sie sich des bezichtigten Verbrechens nicht schuldig wußte.

Einen anderen Grund zum wahren Vertrauen findet jener, der sich beständig in guten Werken übt und besonders in Verteilung des geistlichen Almosens, das ist, in Verzeihung der Unbilden und im Gebet für alle seine Nebenmenschen. Hiervon spricht Tobias: *Das Almosen erlöst von der Sünde und vom Tod und wird die Seele nicht in die Finsternisse kommen lassen. Das Almosen wird großes Vertrauen geben vor dem allerhöchsten Gott allen denen, die es erteilen.*[231]

Nicht weniger hat auch jener einen Grund von wahrer Zuversicht über die Nachlassung seiner Sünden, der schon in seiner Jugend und bei guten Kräften der wahren Buße über seine Sünden sich ergibt, nach dem Zeugnis des heiligen Augustinus, der sich also ausspricht: „Wenn sich jemand, von der letzten Krankheit gedrungen, zur Buße verstehen will, dieselbe annimmt und mit Gott sogleich sich zu versöhnen trachtet und dann stirbt; so gestehe ich euch, wir versagen ihm die Lossprechung nicht, um die er bittet; aber wir nehmen uns kein Recht hieraus zu vermuten, daß er gut stirbt. Ich nehme mir nichts heraus, ich betrüge euch nicht, ich wage es nicht zu vermuten. Ein fromm-

[229] 1. Joh. 3, 21, 22.
[230] Dan. 13, 35.
[231] Tob. 4, 11, 12.

lebender Gläubiger geht sicher aus dieser Welt. Ein zur Stunde Getaufter ist seines Heils gewiß. Ein Mensch, der bei guter Gesundheit zur Buße greift, sich mit Gott versöhnt und dann fromm lebt, tritt sicher von dieser Zeitlichkeit ab. Der erst zuletzt Buße tut und sich mit Gott versöhnt, wenn er schon ruhig stirbt, ich bin doch nicht ruhig." Und bald darauf fährt der heilige Vater fort: „Sage ich wohl deshalb, er wird verdammt werden? Dies sagte ich nicht. Oder auch: Er wird erlöst werden? Keineswegs. Und was sagst du mir? – Ich weiß es nicht. Ich greife nicht vor, ich verspreche nichts, ich weiß es nicht. Willst du außer Zweifel sein? Willst du dich der Ungewißheit entreißen? Tue Buße, da du noch gesund bist. Denn wenn du im gesunden Zustand ein wahrhaft bußfertiges Leben führen wirst und es bricht dann der letzte Tag an, dann eile, dich nochmal zu versöhnen. Und wenn du es so machen wirst, dann bist du deines Heils sicher. Warum bist du sicher? Weil du damals Buße tatest, wo du auch sündigen konntest. Wenn du aber erst dann Buße tun willst, wenn du nicht mehr sündigen kannst, dann haben die Sünden dich, nicht aber du die Sünden verlassen. Aber woher weißt du, entgegnest du mir, daß mir Gott die Sünde vielleicht nicht nachlasse? Du hast recht. Woher? Das weiß ich nicht. Ich weiß nur, daß ich es nicht wisse. Denn eben deswegen rate ich dir die Buße, weil ich es nicht weiß. Denn wenn ich wüßte, daß sie dir nichts nütze, so würde ich dich nicht zur Buße ermahnen. Ferner wenn ich wüßte, daß sie dir nütze, würde ich dich nicht ermahnen, nicht erschrecken. Zweierlei Sachen sind es, entweder wird dir Verzeihung zuteil, oder nicht. Was von beiden dein Los sein wird, das weiß ich nicht. Also halte dich an das Gewisse und laß das Ungewisse fahren." – Die wahre Buße wirken wollen, müssen ihre Kräfte auf Werke des Geistes verwenden, nach der Vorschrift, die der Prophet Jesaia mit diesen Worten gibt: *Die auf den Herrn ihr Vertrauen setzen, werden ihre Kräfte verändern, werden Flügel annehmen, wie die Adler, sie werden laufen und nicht müde werden, sie werden wandeln* und an *Kräften nicht abnehmen*[232], so, daß die, welche stark waren zu körperlichen Arbeiten, nunmehr auch stark seien zu geistlichen Bemühungen.

5.

Ein Zeichen von Mißtrauen gibt derjenige, der die Gnade der Erlösung nicht achtend in seinen Sünden freiwillig liegenbleibt. Darum heißt es im Evangelium: *Wir wissen, daß Gott die Sünder nicht hört, sondern wer Gott ehrt und seinen Willen tut, diesen erhört er.*[233] Und in den Psalmen lesen wir: *Hätte ich es auf Ungerechtigkeit in meinem Herzen abgesehen, so wird der Herr nicht erhören.*[234] Und Jesaia spricht: *Eure Missetaten haben zwischen euch und eurem Gott eine Scheidung gemacht und eure Sünden haben sein Angesicht vor euch verborgen.*[235]

6.

Von einem irrigen Vertrauen ist derjenige befangen, der da glaubt, der gerechteste Gott lasse sich von seiner Güte und Barmherzigkeit so weit bewegen, daß er am allgemeinen Gerichtstag sowohl die Guten, als die Bösen zur Seligkeit gelangen lasse, weil er für alle gestorben ist. Allein der Herr sagt: *Diese werden in die ewige Strafe gehen, die Gerechten aber in das ewige Leben.*[236]

Ein irriges Vertrauen hegt auch jener, der da meint, ein Sünder könne die erste Gnade verdienen, wann es ihm beliebt.

Ingleichen wenn jemand glaubt, daß der, welcher hienieden reich ist an zeitlichen Gütern, in der Zukunft auch reich sein werde an ewiger Freude. Allein ganz was anderes lesen wir in den Psalmen: *Die Gerechten werden sehen* (den Reichen in der Hölle) *und sich fürchten,*

---

[232] Jes. 40, 31.
[233] Joh. 9, 31.
[234] Ps. 65, 18.
[235] Jes. 59, 2.
[236] Matth. 25, 46.

sie werden über ihn lachen und sagen: Sieh, dieser ist jener Mensch, der Gott nicht für seinen Helfer hielt, sondern auf seine großen Reichtümer vertraute und überhand nahm in seiner Eitelkeit.[237]

XXXVII. Kapitel.

Von der Verachtung der Welt.

I.

DIE wahre Verachtung der Welt besteht in Entsagung aller zeitlichen Güter, irdischer Pracht, Würden und geistlicher Ämter, in Zurückziehung von allen weltlichen Freunden und in Änderung der Sitten, aus Hoffnung der ewigen Glückseligkeit. Hierzu ermahnt der heilige Johannes in seinem Brief, da er schreibt: *Liebt nicht diese Welt, noch das, was in der Welt ist.*[238] Ein wahrer Verächter der Welt war der heilige Augustinus, dem alles mißfiel, was in der Welt vorging. Da er sich mit seiner Mutter recht zärtlich besprach, hatte er keine Freude daran und es ekelte ihn an der Welt, während er sich mit seinen liebsten Angehörigen unterredete. Auf gleiche Weise haben die heilige Agnes, Katharina, Cäcilia und andere heilige Jungfrauen die irdische Hoheit und allen Putz der Welt verachtet aus Liebe zu unserem Herrn Jesu Christi.

2.

Zur Verachtung und zum Haß der Welt soll uns bewegen die schändliche Treulosigkeit, die von ihr am Ende alle ihre Liebhaber erfahren. Sogar der Sohn Gottes mußte dies von den Weltkindern erfahren, indem sie ihn am Palmtag, wie im Triumph empfingen, ihm entgegengingen und sangen: *Hosanna dem Sohn Davids, gepriesen sei,*

---

[237] Ps. 51, 8, 9.
[238] 1. Joh. 2, 15.

der da kommt im Namen des Herrn; Hosanna in der Höhe.[239] Aber nachmals am Freitag gegen ihn klagten und in Gegenwart des Pilatus schrien: *Ans Kreuz mit ihm, ans Kreuz mit ihm.*[240] *Wenn er kein Übeltäter wäre, hätten wir ihn dir nicht ausgeliefert.*[241] Und als er wirklich am Kreuz hing, verspotteten sie ihn und sagten: *Rette dich selbst, wenn du der Sohn Gottes bist.*[242] Den sie beim Einzug Palmzweige und Blumen streuten, den haben sie mit frischen Dornen gekrönt und mit Ruten und Geißeln geschlagen. Dem sie ihre Kleider auf den Weg breiteten, dem haben sie die Kleider vom Leib gerissen und ihn ganz entblößt und haben sohin die ihm erwiesene Ehre in Schmach verwandelt.

Auch die Gefahr, in die uns die Liebe zur Welt verwickelt, soll in uns Haß und Verachtung gegen sie erzeugen. Denn der heilige Apostel Jacobus erteilt uns diese Warnung: *Wißt ihr nicht, daß die Freundschaft dieser Welt, Feindschaft gegen Gott ist? Wer demnach der Welt Freund sein will, der wird Gottes Feind.*[243] Und weil die Welt den Herrn Jesus und alle seine Freunde gehaßt hat, wie er selbst die Apostel mit diesen Worten tröstete: *Wenn euch die Welt haßt, so wißt, daß sie mich schon vor euch gehaßt hat.*[244]

3.

Beweise von wahrer Verachtung der Welt gibt derjenige, der auf den Adel seiner Abstammung nicht achtet, der keine sinnliche Vergnügen sucht und weder nach Reichtümern, noch nach hohen Ehrenstellen geizt. So war Moses beschaffen, von dem der Apostel bezeugt: *Durch den Glauben wollte Moses, als er groß geworden war, nicht mehr der*

---

[239] Matth. 21, 9.
[240] Matth. 27, 23.
[241] Joh. 18, 30.
[242] Matth. 27, 40.
[243] Jac. 4, 4.
[244] Joh. 15, 18.

Sohn der Tochter Pharaos heißen (verachtend den Adel), *und wollte lieber mit dem Volk Gottes Ungemach leiden, als die zeitlichen Freuden der Sünden genießen* (verachtend die Wohllüste), *er achtete die Schmach Christi für größeren Reichtum, als die Schätze Ägyptens* (verachtend die Reichtümer); *denn er sah auf die Belohnung hinaus.*[245]

Auch jener verachtet wahrhaft die Welt, der sich weder durch ihre Schmeicheleien einnehmen, noch durch ihre Drohungen schrecken läßt, und der bei ihrem Lob und Tadel unbeweglich bleibt. In dieser Stimmung war der Apostel, als er schrieb: *Ich habe alles* (Irdische) *verloren und achte selbes für Unrat, damit ich Christus gewinne.*[246]

Dagegen ist es eine falsche Verachtung der Welt, wenn man erst dann von der Liebe zur Welt und ihren Reizen sich enthält, da man vor Alter, oder wegen Armut mit der Welt nicht mehr mitmachen kann. Denn da wird nicht die Welt, sondern man wird von der Welt verlassen. Wie es, leider, so manche gibt, die erst dann zu sündigen aufhören, wenn sie zu sündigen nicht mehr vermögen.

XXXVIII. Kapitel.

Von der Abtötung.

I.

WAHRE Abtötung des Fleisches ist es dann, wenn man seinen Leib züchtigt mit Fasten, Wachen, Gebet, Bußgürteln, Geißelungen, Versagung ergötzlicher Speisen und Getränke, damit das Fleisch in allen Stücken dem Geist unterwürfig gemacht werde. So tat es der Apostel, der von sich bekennt: *Ich züchtige meinen Leib und bringe ihn in die Dienstbarkeit, damit ich nicht etwa, indem ich anderen predige, selbst verwerflich werde.*[247] So machte es auch die Judith; sie

---

[245] Hebr. 11, 24, 25, 26.
[246] Philip. 3, 8.
[247] 1. Kor. 9, 27.

war schön, jung und reich; aber seit dem Tode ihres Mannes, nämlich seit drei Jahren und sechs Monaten trug sie als Witwe einen Bußgürtel um ihre Lenden und fastete alle Tage, außer an den Festtagen.

2.

Zur Abtötung des Leibs sollen wir uns verstehen wegen dem großen Nutzen, der hieraus entspringt. Denn durch die Abtötung des Fleisches wird der Geist mehr befähigt und gestärkt zu seinen geistigen Verrichtungen, wie der Apostel versichert: *Denn wenn ich schwach bin* (dem Fleisch nach) *dann bin ich stark* (dem Geist nach).[248] Und im Gegenteil wird durch die Weichlichkeit des Fleisches die Kraft des Geistes zu geistigen Verrichtungen geschwächt, wie der heilige Augustinus bezeugt: „Das zärtliche Fleisch verzehrt die Seele, wie das Feuer die Stoppeln."

3.

Derjenige tötet sich wahrhaft ab, der dem Leib keinen unordentlichen sinnlichen Genuß, sondern allein die Notdurft gestattet, gemäß der Lehre des Apostels: *Wir sind nicht dem Fleisch verbunden, daß wir nach dem Fleisch leben.*[249] Denn die sinnliche Lust begehrt mehrerer und kostbarere Sachen, als die Notwendigkeit erfordert; die Notdurft aber begnüget sich mit wenigem. Deswegen setzt der Apostel die üblen Folgen der befriedigten Wollust bei: *Denn wenn ihr nach dem Fleisch lebt, so werdet ihr sterben, wenn ihr aber durch den Geist die Werke des Fleisches tötet, so werdet ihr leben.*[250] *Offenbare Werke aber des Fleisches sind: Hurerei, Unreinigkeit, Geilheit, Unzucht, Abgötterei, Zauberei, Feindschaften, Hader, Eifersuchten, Zorn, Zank, Zwietracht, Spaltungen, Neid, Mord, Völlerei, Schwelgerei und dergleichen, von welchen ich*

---

[248] 2. Kor. 12, 10.
[249] Röm. 8, 12.
[250] Röm. 8, 13.

euch vorhersage, so *wie ich es schon vorhergesagt habe, daß die, so der-*
gleichen tun, das Reich Gottes nicht ererben werden.[251]

Auch derjenige übt wahre Kasteiung, der nach dem Rat Christi des
Herrn sein Leben in dieser Welt haßt. Denn Christus der Herr sagt
selbst: *Wenn jemand zu mir kommt und nicht seinen Vater und Mut-*
ter, Weib und Kinder, Brüder und Schwestern, ja auch sogar sein eigenes
Leben haßt, so kann er nicht mein Jünger sein.[252] Diese Stelle legt der
heilige Gregorius also aus: „Alsdann hassen wir löblich unsere Seele
(oder unser Leben) wenn wir ihren fleischlichen Begierden entgegen-
streben, wenn wir ihre Neigungen brechen und ihrem Vergnügen uns
widersetzen. Auf diese Weise verachtet, wird sie auf besseren Weg
geleitet und so mittelst des Hasses geliebt. Wer aber in seiner Seele die
Begierlichkeiten nicht bezähmt, der stürzt in die Fallstricke des
Teufels, gemäß jener Worte des weisen Sirachs: *Wenn du deiner Seele*
gestattest, ihren Begierden zu folgen, so wird sie machen, daß deine Fein-
de sich über dich freuen[253]; wie Dalila den stärksten Mann, Samson, den
Philistern zum Gespött ausgeliefert hat."

4

Nichts weniger als Abtötung ist es, wenn man nur dem Magen und
dem Mund in der Lust zu Essen und zu Trinken Einhalt tut, nicht
aber der Zunge in unerlaubten Reden; noch den Augen, den Ohren,
dem Geschmack, Geruch und Gefühl bei ihren Belustigungen ein Ziel
setzt; noch auch den sündhaften Gedanken und Anmutungen den
Eingang in das Herz verwehrt. Was soll das heißen, den Mund und
den Magen im Zaum halten, während das Herz und die fünf Sinne mit
Wollüsten gespeist werden? Darum schreibt der heilige Chrysostomus:

---

[251] Gal. 5, 19, 20, 21.
[252] Luc. 14, 26.
[253] Jes. Sir. 18, 31.

„Die sich von Speisen enthalten und Böses tun, die ahmen den Teufeln nach, die nichts essen, aber stets Böses tun."

XXXIX. Kapitel.

Von der Reue.

I.

DIE wahre Reue ist ein innerlicher Schmerz über die Sünden, den die Seele sich selbst verursacht wegen der Größe und Schwere der Sünden, mit dem Vorsatz, dieselben zu beichten und hierfür Genugtuung zu leisten, – eine Gemütsstimmung, die von der Gnade Gottes ihren Ursprung hat. Denn ein natürlicher Schmerz, der nicht von der Gnade erzeugt ist, hat weder Nutzen, noch Wert. Die Größe des Schmerzes drückt der Prophet Jeremias mit diesen Worten aus: *Trage Leid wie über einen einzigen Sohn.*[254] Einen solchen Schmerz verlangt Gott der Herr bei dem Propheten Joel, da er spricht: *Zerreißt eure Herzen.*[255] Zu dieser Zerreißung sind vermögend die Dornen, die Nägel, die Ruten, die Geißeln, das Kreuz und die Lanze, die den Leib unseres Herrn Jesus Christus zerrissen haben. Die wahre Reue ist selten nach dem Zeugnis des heiligen Gregorius. „Es ist zu bemerken", schreibt er, „daß manche, die sogar die Welt verlassen und alles, was sie hatten, zum Opfer gebracht haben, bei allem dem, was sie Gutes tun, doch nicht recht zerknirscht sind. Man darf nicht allzeit glauben, daß es wahre Zerknirschung sei, wenn man gleich seufzt und Tränen vergießt. Denn auch aus Furcht der Hölle, oder bei Erwägung eines erlittenen, zeitlichen Schadens, oder wegen einem leiblichen Schmerz, oder aus einem natürlichen Mitleid werden oft auch Tränen und Seufzer hervorgelockt, auch bei der Erinnerung an die Schwere seiner

---

[254] Jerem. 6, 26.
[255] Joel. 2, 13.

Sünden und bei lebhafter Betrachtung des bitteren Leidens Jesu Christi. Zur wahren Reue und Zerknirschung wird ein Schmerz erfordert über alle begangene Sünden und über alle vernachlässigte Gnaden sowohl zum eigenen, als auch zum Nachteil der Welt; wie auch über alles, was aus unserer Schuld oder Veranlassung konnte begangen, oder vernachlässigt worden sein."

2.

Zur wahren Rene soll uns der ernste Gedanke bewegen, was wir durch die Sünde verloren haben; nämlich den Heiligen Geist mit allen Gaben, alle unverdienten Gnaden, die Freundschaft Gottes und die Gesellschaft der Heiligen. Dann, was wir durch die Sünde uns zugezogen haben, nämlich den ewigen Tod, den Fluch des himmlischen Vaters, nach dem Zeugnis Davids: *Verflucht sollen sein, die von deinen Geboten abweichen.*[256] *Den Haß des Sohnes Gottes, unseres Herrn Jesu Christi, der alle hasset, die Böses tun,* die Entfernung des Heiligen Geistes, der *keinen Anteil hat an Gedanken, die unverständig sind,* wie im Buch der Weisheit[257] geschrieben steht, um so weniger aber an den Missetaten; denn diese sind noch schlimmer und verabscheuungswürdiger, als selbst die Qualen der Hölle, wie der heilige Chrysostomus schreibt.

Der große Vorteil, der aus der wahren Reue hervorgeht, soll uns ein vorzüglicher Beweggrund sein, dieselbe in unserem Herzen lebhaft zu erwecken. Denn die geringste wahre Reue löscht alle Makel der Seele aus, tötet den ewigen Tod, verschafft den Segen des himmlischen Vaters, die Freundschaft des göttlichen Sohnes, die Vertraulichkeit des Heiligen Geistes und versetzt uns wieder in die Gemeinschaft der Heiligen. Wie gering auch die wahre Reue sein mag, so ist sie doch mehr genugtuend als die größte Ausspendung des Almosens. Wenn

---

[256] Ps. 118, 21.
[257] Weish. 1, 5.

man dies alles im Herzen wohl erwägt, so wird dies Beweggrund genug sein zur wahren Zerknirschung.

3.

Wahre Zerknirschung beweist derjenige, der mit so einem Abscheu gegen den Greuel der Sünde erfüllt ist, daß er lieber jede Qual des Fegfeuers ausstehen, als den gütigsten Gott mit irgendeiner Sünde beleidigen wollte und der sogar (mit Eleazarus) bereit wäre zu den Qualen der Hölle, als mit Vorbedacht eine Sünde zu begehen. Eine solche Gemütsstimmung erfordert auch der heilige Augustinus. Ingleichen wer den Wunsch in sich nährt, mit Freuden alle Qualen der Märtyrer zu leiden, um sich dadurch die Gnade von Gott zu verdienen, daß er in Zukunft keine Sünde mehr begehe. Ferner wer entschlossen wäre und sich anböte, jede Drangsal der Kranken und Armen zu leiden, um dadurch für die Beleidigungen Gottes eine würdige Genugtuung leisten zu können.

4.

Ein Zeichen falscher Reue ist es, wenn man zwar die begangenen Sünden mit vielen Tränen beweint, aber kaum nach verwischten Tränen die nämlichen, oder andere Sünden zu begehen sich nicht scheut. Gegen ein solches Benehmen spricht der weise Mann: *Wer sich wäscht, nachdem er einen Toten angerührt hat und rührt den Toten wieder an, was nützt ihm sein Waschen?*[258] Auf gleiche Weise, wer über seine vorherigen Sünden Reue hat und nicht auch einen ernsten Vorsatz, dieselben künftig nicht mehr zu begehen, nämlich die Hoffart, den Neid, die sinnliche Liebe, die fleischlichen Ergötzlichkeiten, den ungerechten Besitz zu vermeiden, von welchem der heilige Augustinus sagt: „Die Sünde wird nicht nachgelassen, wenn das ungerechte Gut, nicht erstattet wird." Dagegen spricht der weise Sirach: *Einer baut auf,*

---

[258] Jes. Sir. 34, 30.

der andere reißt nieder, was haben sie für einen Nutzen davon, als *Mühe und Arbeit?* [259] Der die Sünden bereut, reißt nieder, der in dem Willen zu sündigen verharrt, baut wieder auf. Von einer solchen Wiedererbauung schreibt der heilige Augustinus: „Aus einem verkehrten Willen entsteht die Begierlichkeit, wenn man der Begierlichkeit willfährt, wird eine Gewohnheit daraus, und wenn man dieser nicht widersteht, wird aus der Gewohnheit eine Notwendigkeit."

XL. Kapitel.

Von der Beichte.

1.

DIE wahre Beichte ist ein aufrichtiges, unverhülltes Geständnis der Sünden vor einem rechtmäßigen Priester. Dieses verlangt von uns der Herr, indem er zu den Aussätzigen gesprochen: *Geht hin, zeigt euch den Priestern.* [260] Und in dem Sendschreiben des heiligen Jacobus: *Bekennt einander eure Sünden.* [261]

2.

Zur wahren Beichte wird erfordert, daß dieselbe vollständig, unverfälscht, bestimmt, aufrichtig und vollkommen sei, gemäß der Vorschrift, die wir in den Klageliedern lesen: *Gieße dein Herz vor dem Angesicht des Herrn wie Wasser aus.* [262] Durch die Ausgießung wird verstanden die Vollständigkeit. Denn man muß die Sünden nicht tropfenweise hersagen, welche man noch nie gebeichtet hat, sondern alles, dessen man sich erinnert, soll man mit einem Mal vor dem nämlichen Priester ausschütten – *wie Wasser.* Das heißt, die Beichte muß

---

[259] Jes. Sir. 34, 28.
[260] Luc. 17, 14.
[261] Jac. 5, 14.
[262] Klagel. 2, 19.

einfältig und unverfälscht sein. Nicht aus knechtischer Furcht, oder Zwang soll sie geschehen, sondern aus reinem, einfachem Beweggrund allein wegen Gott. *Dein Herz sollst du ausgießen.* Darunter versteht man die Bestimmtheit. Denn man muß nicht nur die Worte und Handlungen, die Taten und Unterlassungen, sondern auch die bösen Gedanken, die Verweilung in bösen Neigungen, die unedlen Absichten, den bösen Willen, die verkehrten Urteile und die freventlichen Argwöhne beichten. Denn Origenes lehrt: „An jenem Tag werden die Seelen von den Gedanken angeklagt und auch verteidigt werden. Nicht von jenen Gedanken, die wir alsdann haben werden, sondern von denen, die wir jetzt haben, wo von gewisse Eindrücke in der Seele zurückbleiben, wie im Wachs." *Vor dem Angesicht Gottes sollst du dein Herz ausgießen.* Damit versteht man die Aufrichtigkeit und Vollkommenheit. Denn nach der Erkenntnis Gottes muß alles in Betracht genommen werden. Wo wir eine Sünde erkennen, da erkennt er gemäß seiner Allwissenheit tausende.

3.

Zur reumütigen Beichte muß uns ermuntern die sichere Nachlassung der Sünden, die Reinigung unserer Seele gemäß jenem, was Johannes schreibt: *Wenn wir unsere Sünden bekennen, so ist er getreu und gerecht, daß er uns unsere Sünden vergibt und uns von aller Ungerechtigkeit reinigt.*[263] Und weil zur Nachlassung und Versöhnung der Vater, der Sohn und der Heilige Geist das aufrichtige Bekenntnis der Sünden erwarten, obgleich Gott alles weiß. Denn nur so hat Christus Ursache für dich zu sprechen; und der Vater zu verzeihen. Und was der Vater und der Sohn will, das will auch der Heilige Geist.

4.

---

[263] 1. Joh. 1, 9.

Das Zeugnis einer wahren Beichte hat jener in seinem Innersten, der alle seine Sünden wie Wasser ausschüttet; so daß auch nicht die Farbe zurückbleibt, wie bei Ausgießung der Milch; noch ein Fett oder Geschmack wie bei Ausgießung des Öls oder Bluts; noch ein Geruch wie bei Ausschüttung des Weins oder Essigs. Die Farbe bleibt zurück, wenn man zwar die Sünde bekennt; aber nicht die Gelegenheit dazu, oder den Reiz zur Sünde, wie es zugeht beim Schwelgen, oder bei der Unzucht. Das Fett, oder der Geschmack bleibt zurück, wenn man zwar die Sünde eingesteht, aber die Größe und Zahl derselben verschweigt, oder die Dauer der Wollust, wobei die Vernunft gänzlich außer Tätigkeit kommt, gemäß jenen Worten: *Wie Wasser dringt sie* (die Sünde) *in seine Eingeweide hinein und wie ein Öl in die Gebeine.*[264] Der Geruch bleibt zurück, wenn man zwar die Sünde beichtet; aber nichts meldet von dem üblen Ruf, von dem bösen Beispiel, von dem Ärgernis, das man bei anderen verursacht hat. Ein wahrhaft Beichtender aber bekennt nebst der Sünde auch die Umstände, die derselben vorausgegangen und gefolgt sind.

Ein Beweis von einer wahren Beichte ist es, wenn man seine Sünden nach der Zahl, Maß und Gewicht bekennt. Die Zahl muß man beichten, das ist, wie oft man die nämliche Sünde begangen habe, weil eine öfters erneuerte Wunde langsamer zu heilen ist. Das Maß zeigt man an, wenn man die Dauer der Sünde bekennt. Denn wer lange krank ist, stirbt eher. Das Gewicht, das ist, die Schwere der Sünde muß geoffenbart werden, weil eine Sünde schwerer ist, die in einem heiligen Ort, in einem Gottesacker, oder in einer Kirche, zu einer heiligen Zeit, oder an, oder mit einer Person begangen wird, die besonders berücksichtigt werden muß: als ein Geistlicher, an dem man sich vergreift, eine Nonne oder Verehelichte, mit der man sündigt.

---

[264] Ps. 108, 18.

5.

Ein betrügliches Zeichen ist die Beichte, wenn man sie nur ablegt, damit man für keinen Ungläubigen, oder für andächtig gehalten werde; oder damit man durch Verweigerung der Kommunion nicht beschämt werde. So machte Saul sein Geständnis, damit er vom Propheten Samuel vor dem Volk nicht zuschanden gemacht würde.

XLI.

Von der Buße.

1.

DIE äußerliche Buße, wenn sie wahrhaft ist, besteht in der Enthaltung von erlaubten Dingen, indem man um Verzeihung bittet wegen begangenen unerlaubten Sachen, wie die Schrift sagt. So enthalten sich die Büßer und Klosterleute von erlaubten Dingen, sie bedienen sich keiner weichlichen Kleider, halten viele Fasten, gewöhnen sich an das Wachen, züchtigen ihren Leib mit Geißeln, beobachten das Stillschweigen, brechen den eigenen Willen und enthalten sich von manchem Vergnügen, das erlaubt wäre, wenn sie schon niemals etwas Unerlaubtes begangen haben. Daher befahl der Herr, wie auch sein Vorläufer Johannes: *Tut Buße; denn das Himmelreich ist nahe.*[265]

2.

Zur wahren Buße muß uns antreiben die Notwendigkeit derselben. Denn ohne selbe ist kein Heil, so versichert Christus selbst: *Wenn ihr nicht Buße tun werdet, so werdet ihr alle auf gleiche Weise zugrunde gehen.*[266] Und der heilige Augustinus bemerkt: „Die Sünden, sie mögen klein oder groß sein, können nicht ungestraft bleiben." Deswegen hat

---

[265] Matth. 4, 17. u. 3, 2.
[266] Luc. 13, 3.

Gott, wegen der durch die Volkszählung begangenen Sünden, dem David eine Strafe angekündet, und ihm die Wahl freigestellt, daß er entweder sieben Jahre Mißwachs in seinem Land, oder durch drei Monate einen Krieg und die Rache seiner Feinde, oder durch drei Tage die Pest unter seinem Volk auszustehen habe. David erwählte zur Strafe für sich und sein Volk die letztere Plage. Hierdurch wird uns zu erkennen gegeben, wie unausweichlich ein jeder für seine Sünden werde gestraft werden, entweder in der Hölle, die durch die sieben Hungerjahre angedeutet wird, oder im Fegefeuer, das man durch das dreimonatliche Kriegsfeuer verstehen kann, oder durch die zeitliche Strafe, welche durch die dreitägige Pest angezeigt wird. Auf diese Weise wird es für uns nützlich sein in diesem Leben die Buße zu erwählen, weil sie die leichteste und kürzeste Strafe ist.

3.

Zeichen wahrer Buße gibt der, welcher ein Ebenmaß hält der Strafe mit der Schuld, so daß nach Maßgabe der Schuld auch die Strafe groß sei; so groß die Lust bei der Sünde war, so groß sei auch die Bitterkeit der Bestrafung, so lange die Sünde gedauert hat, so lange daure auch die Buße, soviel Mal man sich schuldig gemacht hat, soviel Mal geschehe auch die Züchtigung; gemäß jener Forderung des Bußpredigers Johannes: *Bringt würdige Früchte der Buße.*[267] Denn gleichwie eine jede besondere Krankheit des Leibs eine besondere Arznei erfordert und keine Arznei so wirksam ist, daß sie für alle Krankheiten helfe, ebenso bedürfen auch besondere Sünden zur Heilung der Seele besondere Bußwerke. Denn die Hoffart wird geradezu nicht durch Almosen; der Neid und die Feindschaft nicht durch Gebet; der Geiz nicht durch Fasten; die Unkeuschheit nicht durch Wachen, usw. geheilt und gebessert, sondern die Hoffart muß man eigentlich abbüßen durch Werke der Demut, den Geiz durch Austeilung des Almosens, die

---

[267] Matth. 3, 8.

Unkeuschheit durch Kasteiung des Leibs mittelst Geißeln und Bußgürteln; die Schwelgerei durch Fasten; die Geschwätzigkeit durch Gebet; den Neid und die Feindschaft durch Liebesdienste und Vergebung der Unbilden; das fremde Gut und unrechtmäßige Besitzungen durch Zurückstellung und vollständige Vergütung usw. „Sollte jemand", sagt der heilige Chrysostomus, „nicht imstande sein, die vollkommene Genugtuung zu leisten, so wird der gütigste Herr jede andere Buße annehmen. Dann mag wohl das Fasten für eine Zurückerstattung gelten, wenn man diese nicht vermag, kann man auch nicht fasten, dann mag das Gebet genügen, ist man nicht imstande zu beten wegen Krankheit, dann gilt vor Gott auch der gute Wille."

4.

Einen Beweis von falscher Buße nennt es Papst Innozenz: „Wenn der Büßer von einem Amt, oder Geschäft nicht absteht, das er ohne Sünde nicht verrichten kann, oder wenn er den Groll in seinem Herzen behält, oder die Beschädigten nicht entschädigt, oder dem Beleidiger nicht verzeiht, oder wenn er die Waffen gegen die gerechte Sache trägt."

Ferner ist es eine falsche Buße, wenn man zwar eine Sünde bessert, aber wegen anderen unbesorgt ist.

XLII. Kapitel.

Von der Beharrlichkeit.

I.

DIE wahre Beharrlichkeit ist eine stete Übung in guten Werken, ein beständiges Streben nach der christlichen Vollkommenheit, und die sorgfältigste Bewahrung der geistlichen Gnaden und Tugenden bis ans Ende. Hierzu lädt uns der Herr ein in der Offenbarung Johannes: *Sei getreu bis zum Tod, und ich will dir die Krone des Lebens geben.*[268] So beharrlich treu war Job, der gesprochen hat: *Ich will von meiner Unschuld nicht weichen, bis ich nicht mehr bin.*[269] Auch Tobias, der die Leichname der Verstorbenen in seinem Haus verbarg und bei der Nacht begrub, obgleich er vom König mit Plünderung und Tod bedroht war.

2.

Wegen dem wichtigsten Vorteil, den uns die Beharrlichkeit gewährt, sollen wir uns auf diese Tugend befleißen. Denn durch sie wird jedes gute Werk, jede Tugend gekrönt, und unser ganzes Heil beruht auf ihr, wie Christus Jesus unser Herr selbst versicherte: *Wer bis ans Ende ausharren wird, der wird selig werden.*[270] Ohne diese hat keine Tugend einen Wert; ohne sie ist kein Werk verdienstlich; und unsere ganze Vollkommenheit wird ohne sie zu nichts. Was nützte es dem Verräter Judas, daß ihn der Herr der Welt entzogen und zu einem Apostel auserwählt hat? Was hat ihm genützt der dreijährige vertrauliche Umgang mit Jesus? Was nützten ihm die Predigten, die er gehört, die Beispiele, die Tugenden und die Wunder Jesu, wobei er Augenzeuge war? Was die Gesellschaft der Apostel? Was die ihm von Christus erteilte Gnade zum Predigen und

Wunderwirken? Denn Christus hat zu ihm, wie zu den übrigen Aposteln gesagt: *Geht hin, predigt und sprecht: Das Himmelreich ist nahe. Kranke macht gesund, Tote weckt auf, Aussätzige macht rein, die Teufel treibt aus.*[271]

3.

Nur jener erweist wahre Beharrlichkeit, der weder aus Liebe zum Leben, noch aus Furcht des Todes, weder durch Drohungen, noch

---

[268] Apok. 2, 10.
[269] Job. 27, 5.
[270] Matth. 10, 22.
[271] Matth. 10, 7, 8.

durch Verheißungen sich von der Bahn der Rechtschaffenheit ableiten läßt; wie die Susanna, die den Tod nicht fürchtend sprach: *Wenn ich das* (nämlich die Sünde) *tun werde, so werde ich doch des Todes sein.*[272] Und Mattatias, welcher sagte: *Wenn schon alle Völker dem König Antiochus gehorchen, daß jeder vom Gottesdienst und vom Gesetz seiner Väter abweicht und in seine Befehle einwilligt, ich und meine Söhne und Brüder wollen alle in dem Gesetz unserer Väter gehorsamen.*[273]

4.

Nichts weniger als Beharrlichkeit zeigt derjenige, der auf seine Heiligkeit vermessen baut und sich schmeichelt, daß er nicht fallen könne. Daraus entsteht im Gemüt eine gewisse Freiheit. Diese macht, daß man die Wachsamkeit über sich selbst vernachlässigt, und so ist es unmöglich, daß der Mensch in der Heiligkeit ausharren könne. Und wenn die Apostel noch auf der Welt wären, und wären nicht wachsam über sich selbst, so könnten sie fallen. David hat hiervon ein Beispiel geliefert, der einen Ehebruch und Todschlag begangen hat, weil er nicht wachsam war in Bewahrung seiner Augen.

Schlußrede.

I.

ICH bekenne es vor dir, o heiligster Gott, mit allen Tränen und Blutstropfen deines geliebtesten Sohnes, daß ich nicht einmal zur Schwelle einer Tugend, noch jener Vollkommenheit gelangt bin, wie sie hier beschrieben ist. Indes freue ich mich doch, daß wir alle Tugenden vollkommener besitzen werden, als sie der menschliche Verstand zu denken vermag. Ich bekenne vor dir, o Herr, daß derjenige selig in dieser Welt und seliger in der künftigen sein wird, der diese

---

[272] Dan. 13, 22.
[273] I. Makk. 2, 19, 20, 21.

Tugenden in dem Grade der Vollkommenheit besitzt, wie sie hier beschrieben sind, obwohl sie vielleicht nicht hinreichend sind zum Heil.

2.

Ich bitte dich auch, o mein Gott, mit dem Verlangen deines Sohnes und des Heiligen Geistes und aller Geschöpfe, daß du mir die Unterscheidungskraft erteilen wollest, zwischen den verdienstlichen und natürlichen Tugenden und den Ähnlichkeiten der Tugenden. Und wer immer diesen hierüber gemachten Versuch der Unterscheidung lesen oder hiervon hören, oder darüber nachdenken wird, erteile du, allmächtiger Gott, ihm wenigstens eine wahre und vollkommene Tugend. Ich bin gewiß, wenn ihm von dir auch nur eine zuteil wird, er zugleich alle erhalte. Und wer in einer zunimmt, nimmt zugleich in allen zu. Und wer in einer abnimmt, nimmt zugleich in allen ab. Und dem eine mangelt, dem mangeln alle; weil alle miteinander in Verbindung stehend in der Gnade gegründet sind. Amen.

Inhalt.

Zu dieser Ausgabe.

Der Text dieses Buches basiert auf folgender Ausgabe:
Christlicher Tugendspiegel des seligen Albertus Magnus, Bischof von Regensburg.
In einer deutschen Übersetzung mit der Lebensgeschichte desselben
herausgegeben von Simon Buchfelner, Pfarrvikar. München, 1833.
Der Text wurde in die traditionelle deutsche Rechtschreibung übertragen, und zum
besseren Verständnis für den heutigen Leser sprachlich bearbeitet.